AF819831

A Lezione con Kiarostami

A Lezione con Kiarostami

A cura di Paul Cronin
Prefazione di Mike Leigh

Sticking Place Books
New York

© Sticking Place Books 2024
Traduzione di Francesco Biggio

www.stickingplacebooks.com
www.lessonswithkiarostami.com
www.filmmakertrilogy.com

Questo libro non può essere riprodotto, archiviato, inserito in sistemi di recupero dati o trasmesso, in nessuna forma e tramite alcun mezzo (elettronico, meccanico, attraverso fotocopie, registrazioni o altro) senza il permesso scritto della casa editrice, eccetto nel caso di citazioni o articoli di critica.

ISBN 9781942782667

Per Gabrielle

Prefazione
di Mike Leigh

Ad ogni regista indipendente piace pensare di essere eccezionale, e molti di noi probabilmente lo sono, almeno un po'. Ma nessuno è più eccezionale del mio buon amico Abbas Kiarostami.

Ecco a voi uno tra i migliori, il creatore e il maestro dell'epica minimalista, il visionario che ha innalzato il cinema a livelli di purezza senza precedenti, il maestro scorbutico che ci affronta con modestia, mostrandoci verità così profonde da lasciarci accecati per la sua luminosa chiaroveggenza, un provocatore sfacciato, in possesso della capacità esilarante di stupire con le sue idee e i suoi metodi, tanto da farti entusiasmare.

Le perle di saggezza di Abbas sparse in questo libro sono la ciliegina sulla torta. Personali, pratiche, professionali, umoristiche, emotive, filosofiche, artistiche e tecniche, sono tutte estremamente utili per un aspirante regista. Ma nonostante Abbas ci guidi con dolcezza, alla fine lascia che sia ognuno di noi a trovare la strada per la propria verità. In tal senso, questo libro è certamente destinato a diventare una pietra miliare della letteratura cinematografica.

Negli ultimi vent'anni, Abbas Kiarostami, il regista iraniano di *Dov'é la casa del mio amico*, *E la vita continua*, *Sotto gli ulivi*, *Close–Up*, *Il sapore della ciliegia*, *Il vento ci porterà via*, *Dieci*, *Shirin*, *Copia conforme* e *Qualcuno da amare*, è stato una presenza regolare ai festival e nei campus, dove ha lavorato scrupolosamente con i registi esordienti fornendo ispirazione per i loro film e progetti, facendoli uscire con le proprie telecamere, proiettando e discutendo i risultati. Questo libro è stato costruito unendo appunti presi nel corso di dieci anni, durante alcuni di questi incontri (Londra, Marrakech, Potenza, Oslo, New York, Siracusa), al materiale accumulato durante numerose conversazioni con Kiarostami, alcune avvenute nella sua casa a Teheran, altre registrate durante gli intervalli dei suoi laboratori.

Kiarostami ha sempre saputo che, come studenti, siamo in grado di trarre conoscenze l'uno dall'altro quanto dai nostri insegnanti, che creare un proprio metodo di lavoro è l'approccio più efficace all'apprendimento, che il modo migliore di capire le complessità del fare cinema è vivere in un ambiente di persone appassionate, creative, ricettive e disciplinate dove è possibile lavorare insieme come una comunità. Nel migliore dei casi, i suoi laboratori diventano proprio questi ambienti: spazi fisici dove sviluppare idee e dove si creano cortometraggi. Si evitano le lezioni frontali. Piuttosto si reclutano truppe (se possibile con un certo livello d'esperienza), viene coltivata la diversità di opinioni e l'inclusività, si fanno dei salti nel vuoto. Così come accade nelle sessioni dal vivo, il dialogo tra insegnante e studenti avviene nella prima parte di questo libro, perché è nei primi giorni di workshop che le idee scorrono più fluide e veloci. Una volta dato un indirizzo al laboratorio e che si è preso un certo ritmo gli studenti vengono mandati fuori a filmare per rendere giustizia alle idee che hanno sviluppato, infine ne mostrano i risultati. Seguono sessioni di critica e discussione, durante le quali Kiarostami, descrivendo tramite un interprete quale sarebbe stato il suo approccio, ci assiste nel rimuovere il metaforico velo dai nostri occhi e ad imbarcarci nei prossimi lavori con una visione rinnovata.

Non c'è dubbio che sia già stato fatto in precedenza, da qualcuno con un livello di esperienza simile, da un regista ugualmente capace e carismatico. Non insisterei mai sull'unicità dei laboratori di Kiarostami, né sulle idee che porta avanti, né sui suoi metodi didattici. Ma un approccio diretto per alcuni è qualcosa di nuovo, degno di essere elaborato sia sulla pagina che in classe (come controbattere al fervore di alcuni studenti?), perciò è difficile non amare l'approccio di Kiarostami. C'è molto da ammirare oltre a questo: la sua visione, avulsa da ogni dogma, il grande calore e la sua indipendenza, la calma, una qualità leggendaria – quella del viandante, dell'uomo nel deserto – l'assenza di ogni capriccio. Tutte queste qualità mi rimettono con i piedi per terra e mi fanno tornare ad alcune cose intangibili della vita, cose che appartengono al regno del metafisico. Il coinvolgimento di Kiarostami nella sua stessa inventiva è invidiabile, una vocazione così innata da renderlo – benignamente isolato, dal suo temperamento e dal mondo esterno, e ciononostante così produttivo – estraneo al lavoro di altri artisti o registi, ai teorici e ai critici. Questo è un uomo che non può fare nient'altro se non quello che fa, che può distaccarsi da tutto e sentirsi appagato passando la giornata da solo ad elaborare i contenuti della sua mente.

Sono altrettanto affascinanti la sua sensibilità come artista e le sue capacità registiche. Esperto nei giochi di prestigio, l'apparente semplicità dei film di Kiarostami è un inganno, atto a celare la loro complessità, precisione e la loro tortuosa progettazione. Gli audaci risultati tecnici e concettuali dietro il suo lavoro non sono quasi mai evidenti nell'immediato, anzi i film possono apparire caotici e casuali, a volte rasentano il dilettantismo. Una seconda visione di questo processo quasi invisibile, uno sguardo più attento al suo cinema, nel quale l'ago della bilancia punta prima al realismo e poi alla finzione, e viceversa, insieme alle osservazioni raccolte in questo libro, potrebbero portare ad una valutazione diversa. Mi affascina chiunque riesca ad insegnare la nozione di suspense mostrando immagini di onde che si infrangono tra gli scogli, sui quali giacciono indifese tre uova. Durante *Seagull Eggs*, il film di 17 minuti di Kiarostami, sappiamo che cosa succederà. Ma il come e il quando sono da scoprire. Quello di Kiarostami riesce, tra gli altri suoi traguardi, ad essere un cinema dinamico ed emozionante, motivato da uno spirito creativo riassunto dalla frase di Albert Camus del 1938: "La vera opera d'arte è quella che dice il meno possibile."

Noi iniziati e studiosi che abbiamo partecipato alle sue assemblee pedagogiche, che abbiamo avuto la fortuna di viaggiare con Kiarostami e di crogiolarci nel suo sapere, reagiamo come

Marlene Dietrich dopo che ha passato del tempo con Orson Welles: "Quando parlo con lui," diceva in estasi, "mi sento come una pianta che viene innaffiata." Proprio quando pensi che non ci sia più nulla da dire di interessante sull'argomento trattato, Kiarostami ti smentisce, giungendo all'idea con un approccio interessante, ritornandoci giorni dopo la sua nascita, di volta in volta rafforzando i concetti chiave. È una fonte apparentemente inesauribile e durante i laboratori a cui ho partecipato articolava i suoi pensieri con varie sfumature di tono e con sfoggio di sollecitudine. Inoltre, era evidente che molti tra i partecipanti con cui ho stretto amicizia si sentissero con le spalle al muro nei pochi momenti in cui dovevano decifrare tutte quelle nozioni da soli. Erano improvvisamente costretti a prendere decisioni categoriche, a rispondere a domande che non avevano nemmeno concepito, o avevano evitato per la loro difficoltà. Senza sfuggire a queste occasioni, gli studenti – assistiti dalle lezioni di Kiarostami– prendono definitivamente coraggio, ricchi di forza vitale, con un nuovo livello di autorealizzazione, autoanalisi, autocoscienza. L'ho trovata una visione corroborante, e immagino che anche gli altri la pensino così, compreso Kiarostami, che trae grande gioia dall'impegno altrui. Come disse il poeta persiano del 14° secolo Hafez: "Tieni sempre il fuoco nel tuo cuore e assicurati che scorrano le lacrime. Tutto il resto è indifferenza."

Ciò che segue non è un libro di interviste tradizionale o un manuale di cinema, tantomeno un' indagine sul cinema iraniano o uno studio sui film di Kiarostami. Il testo è invece una distillazione delle sue tecniche e dei suoi metodi, il tentativo di catturare ciò che è il fondamento di un'esperienza spesso misteriosa. È un costrutto, un'interpretazione e sintesi attenta di una sorta di metodologia scritta in prima persona: dal punto di vista di Kiarostami. Riflette l'apprezzamento per il suo approccio artistico alla narrazione, per la sua filosofia di vita e ciò che prova per il mondo che lo circonda, evidenzia la sua perspicacia ed orientamento alla chiarezza. È una poetica, un trattato sulla creazione e sul significato del cinema che esprimono aspetti della sensibilità estetica di Kiarostami. È, cosa più importante, una serie di linee guida pratiche strutturate intorno a grandi principi

In un'intervista recente, Mike Leigh sostiene: "Non puoi veramente filmare o mostrare il momento creativo sullo schermo… Puoi evocarlo, puoi sottointenderlo, ma la creazione vera e propria è inafferrabile e direi, letteralmente impossibile da filmare." Cose come queste non possono essere espresse con le parole. Ma il libro è ciononostante un tentativo di trasmettere tramite queste pagine i pensieri e gli impulsi che stanno dietro ai momenti creativi di Kiarostami da regista, poeta e fotografo. Chiede ai suoi lettori, forse con un tocco di mistero, di fare ciò che Abbas – con affetto, ammirazione, come dimora di eterna aspirazione e scoperta – chiede di fare agli spettatori dei suoi film: che si facciano carico da soli di spiegare tutto, con i loro tempi. Come i suoi film, *A Lezione con Kiarostami* pone più interrogativi che risposte. Non potrebbe mai avere la presunzione di essere l'ultima parola.

Le immagini di Kiarostami, il capo del laboratorio, restano impresse. Mentre scatta fotografie attraverso il vetro di una macchina in corsa tra le strade piovose del Sud Italia. Quando offre vino rosso, praticamente ad ogni cena. Mentre passeggia, con la telecamera in mano tra le montagne vicino a Marrakech. O quando resta impalato in un viottolo, una mattina di freddo pungente a Manhattan, guardando una troupe impegnata nelle riprese di un corto. Quattro ricordi restano impressi più degli altri, ognuno dei quali riassume qualità che intrigano e stupiscono: la sua acutezza visiva e uditiva, la sua maestria, la sua apparente serenità, la sua abilità di trovare magnificenza in luoghi dove pochi altri avrebbero anche solo il pensiero di cercare. Ad un certo punto, tra i momenti passati assieme in una spaziosa stanza a South Kensington, durante il laboratorio del 2005 a Londra, mentre il sole filtrava dalla finestra, mi ha fatto notare la fantasia sul tappeto e ha esclamato: "Che ombra straordinaria!" Un pomeriggio durante il workshop di Marrakech, alla fine dello stesso anno, voleva mostrare il suo film *Cinque* a Martin Scorsese, che era lì in qualità di docente ospite. Fu trovata una stanza e qualcuno fissò dei fogli di carta neri alle finestre per bloccare la luce. Kiarostami non era soddisfatto del risultato, perciò furono rimossi e si incaricò lui stesso del lavoro, prima studiando la forma della finestra da diversi metri di distanza, poi tagliando e piegando della carta da pacchi. Quando l'ebbe disposta sul vetro, combaciava perfettamente. In un altro workshop, a nord dallo Stato di New York, il settantacinquenne Kiarostami parlò dei suoi 3 mesi passati a Praga più di quarant'anni prima. Mi ripetè a memoria l'annuncio degli altoparlanti del tram, qualcosa che aveva sentito soltanto durante il tempo trascorso lì, e di cui tutt'ora non sa il significato. A Tehran, ho passato una serata nello studio dell'artista, osservando lo sguardo fisso di Kiarostami su una grossa stampante industriale dove, millimetro per millimetro, stava spedendo al mondo una delle sue fotografie. Ore dopo era solo a metà del processo. Il monastico Kiarostami sedeva, osservando attentamente e in silenzio, mentre l'immagine continuava ad arrotolarsi sul pavimento. L'attenzione al processo era, per lui, una forma di meditazione.

Da dove viene l'idea di *A Lezione con Kiarostami*? Dalla fascinazione per i suoi film, dalle sue fotografie, dalle sue poesie (che prima o poi saranno incluse nel canone dei versi persiani moderni). Dall'interesse di Kiarostami all'idea per cui sia necessario "rieducare lo sguardo dello spettatore." Da anni di attaccamento ai suoi laboratori, da una conseguente frenesia e una meravigliosa confusione. Dalla (forse) presuntuosa convinzione di avere una responsabilità nel documentare queste sessioni fugaci ma impegnative. Dall'entusiasmo provato nell'ascoltare i lavori di alcuni dei suoi sostenitori più appassionati. Dall'insoddisfazione provocata dal film di Kiarostami: *10 on Ten*, nel quale passa novanta minuti a sfogare l'urgenza didattica di spiegare i metodi di regia. Avendo passato così tanto tempo con lui, ho pensato che ci fosse un modo migliore di rappresentare queste idee, che ruotano attorno al suo desiderio – che è lo stesso di questo libro – di essere utile allo studente di cinema medio.

Tre pensieri conclusivi. Il primo, ogni lettore che ammira i film di Kiarostami, e desidera soffermarsi ulteriormente sul suo approccio nel farli, può essere interessato alle pagine che seguono. Ma non si deve necessariamente avere dimestichezza con l'opera di Kiarostami per apprezzare questo libro. Di fatto, come ulteriore conferma, si può evitare di tenere conto dell'intero mondo del cinema, e ciononostante trovare qualcosa di significativo. Secondo, l'energico e irrequieto Kiarostami continua a fare film, a vagare, a fare ogni sforzo per la riuscita dei laboratori, il che significa che mentre questo libro sarà proposto ai lettori in una forma finita, è in realtà un progetto ancora in corso. Terzo, un'immersione nel mondo di Kiarostami prevede l'indagine non solo della sua filmografia, ma anche della sua fotografia epodica e della sua poesia immaginifica, un processo che rivela simmetrie interessanti tra tutte e tre, oltre a rivelare la fonte primaria di tutto il cinema per cui è conosciuto nel mondo: la poesia persiana, antica e moderna. Questa è una delle ragioni per cui la pubblicazione di *A Lezione con Kiarostami* è accompagnata da ciò che può essere vista come un'enorme appendice: una collezione di traduzioni dei versi originali di Kiarostami e una sua selezione di diversi poeti persiani compresi Nima, Hafez, Saadi e Rumi.

Questo libro è parte di una trilogia accidentale che esplora i metodi di lavoro e la filosofia pedagogica di tre registi (Werner

Herzog e Alexander Mackendrick sono gli altri due), tutti in qualche modo collegati dalla ricerca di ciò che Herzog chiama "un immaginario adeguato." Kiarostami, alla costante ricerca di ciò che è inusuale, non fu mai troppo entusiasta del mio progetto, nonostante abbia valutato attentamente la versione persiana di questo libro, al punto da arrivare a capire il suo valore e utilità, e dare enfaticamente ad esso, e al nostro progetto di poesia, il suo imprimatur.

Il supporto e l'aiuto necessari per questo progetto ci vengono forniti dalla British Academy. Le fotografie dall'imperscrutabile Presley Parks. Se le mie esperienze nei laboratori sono state la materia prima di questo libro, il mio viaggio in Iran e il tempo passato con Kiarostami a casa sua sono stati il giusto complemento per centinaia di pagine di appunti. I miei ringraziamenti vanno a Negin Fazeli – fidato consigliere a Tehran – che mi ha introdotto in maniera accattivante alla cultura e alla società persiana. Durante la traduzione del libro in persiano (pubblicata insieme all'edizione inglese), l'illuminato Sohrab Mahdavi ha offerto un commento essenziale ai suoi temi. Il suo contributo, oltre alla conoscenza del lessico Sufi sorregge l'intero progetto su Kiarostami. L'erudito Iman Tavassoly mi ha spalancato le porte del mondo incandescente della poesia persiana, gesto per cui gli sono profondamente ed umilmente grato. Lavorare insieme ad Iman come co–traduttore ha migliorato incredibilmente *A Lezione con Kiarostami*. E un ringraziamento va ad Abbas, cordiale guida di questo percorso, che ci mostra un esempio di ciò che potrebbe essere una scuola di cinema e durante il viaggio porta sempre con sé la più luminosa delle lanterne. L'eloquenza è traguardo di un sapere che mai s'affatica ad essere durevole.

Il Curatore

C’è una terra inviolata accanto alla mia. Ognuno di voi può averne centosessanta acri, così avremo seicentoquaranta acri in tutto. L’erba è alta e abbondante e il terreno dev’essere soltanto dissodato. Non ci sono rocce, Thomas, a far bloccare il tuo aratro, nessuno scoglio sporgente. Creeremo una nuova comunità, se verrai.

John Steinbeck, *Al Dio sconosciuto*

قطع این مرحله بی همرهی خضر مکن
ظلمات است بترس از خطر گمراهی

Non intraprendere il viaggio su questa strada, senza la compagnia di Khidr, la guida delle anime. Attento a non perderti nell’oscurità

Hafez

Come drammaturgo, sento di aver fatto il mio dovere se nella mia opera riesco a porre una domanda in modo tale che il pubblico non possa fare a meno della risposta. Ma dev’essere la sua risposta, una propria, che può dare solo nel contesto della sua vita.

Max Frisch, *Sketchbook 1946 – 1949*

Sono stato per mare. Sono andato e poi tornato. Sono qui quando c’è bisogno.

Harold Pinter, *Terra di Nessuno*

Coloro dotati di immaginazione sono di gran lunga più autocompiaciuti rispetto a quanto dovrebbe esserlo qualunque uomo provvido.

Pascal, *Pensieri*

Non ho niente da insegnarvi. Di fatto, non ho mai definito quello che faccio in questi incontri un "insegnamento," perché non mi piace la parola. Alcuni, rivolgendosi a registi esordienti, insistono che ci sono regole specifiche che dovrebbero essere seguite. Ma il cinema non è ancorato a nessuna metodologia o sistema di pensiero particolare. L'arte del cinema non può essere insegnata come tante altre cose, quindi ciò che verrà detto questa settimana non va preso come sacro. Anche se ho una certa età, e sono il più anziano di tutti voi, non sono mai stato il tipo di persona che interviene e dice agli altri come fare il proprio lavoro. Il mio ruolo è soltanto quello di dare dei suggerimenti e parlare del mio modo di fare le cose, che è uno tra tanti, e che tutt'ora continua ad evolversi.

Ho fatto un mucchio di questi laboratori, e ho imparato qualcosa in ognuno di essi. Giornate come queste sono ricche di esperienze illuminanti per me perché posso fare un passo indietro e pensare come un principiante. Ogni volta che faccio un lungometraggio sono all'ombra e tra le grinfie del produttore. Non è facile provare cose nuove all'interno delle costose strutture di una produzione cinematografica professionale, da cui deriva una certa responsabilità e perciò una chiusura verso la sperimentazione, pur sempre sentendola fortemente necessaria. Ma qui con voi ho la possibilità di ritornare a quando ero giovane e guardavo al cinema con ingenuità. Mi ritrovo a pensare ai miei film mentre ascolto i partecipanti – sono riluttante a chiamarvi studenti – e guardo i vostri lavori. Qualche anno fa, in seguito al tempo passato a Torino con alcuni registi, sono tornato a casa a Tehran a cambiare il finale di un film a cui stavo lavorando.

Il mio lavoro qui non è più importante di ciò che ognuno di voi può offrire al gruppo. Non siamo qui per giudicare o imporre i nostri gusti. L'obiettivo è scatenare la vostra motivazione per fare del cinema da guardare insieme. La mia speranza è che questo avvenga come un dialogo, una conversazione. Siamo tutti anelli della catena, pieni di idee sul lavoro degli altri, possibilmente straripanti di empatia l'uno per l'altro. Qui non si tratta di esercitare il proprio spirito competitivo.

Durante i primi giorni dei precedenti laboratori, ho sentito il desiderio di entrare in una stanza come questa e di trovarla vuota, con i presenti all'esterno a fare riprese. La cosa più frustrante in eventi come questi è l'incapacità di stimolare i partecipanti, farli impegnare. È scoraggiante quando mi dicono che quello che chiedo è troppo complicato. È come un calcio negli stinchi. Maggiore è il peso, maggiore è l'inerzia. Si può restare paralizzati dalla paura del fallimento, motivo per cui i partecipanti con meno esperienza sono spesso privi di dubbi e dotati di una spinta in più. Sembra che per loro sia più semplice uscire e mettersi a lavoro. Forse dovremmo prenderli d'esempio questa settimana, lasciando che siano i nuovi arrivati a dare le direttive ai più esperti. Nell'ultimo laboratorio ci sono stati più di mille candidati per trenta posti, e svariate persone che non erano state accettate sono venute comunque mettendosi fuori dalla porta ad ascoltare, perciò gli organizzatori hanno deciso di ammetterli. I partecipanti esterni sono stati i primi a uscire a riprendere, e al loro ritorno hanno fatto vedere quello che avevano creato. Una donna ha fatto un corto che è piaciuto a tutti. Qualcuno chiese quale fosse il contesto: "Lavoro nella paninoteca qua di fronte." Questa fu la sua risposta. Mentre i registi più ferrati restavano seduti, la ragazza della paninoteca è corsa a fare un film.

Lo scopo del nostro tempo qui non deve essere quello di fare film per riempirli di trovate che avete imparato. Non sto cercando idee già formate, nè tantomeno dei capolavori, quel tipo di cose che richiedono una pianificazione meticolosa e che possono essere aggiunte al vostro curriculuum. Non esiste il film perfetto, solo un film meno sbagliato del precedente. Tirare fuori delle idee e iniziare a produrle, questa è la cosa importante. Trovate un collaboratore o un piccolo gruppo con cui lavorare, se questo vi aiuta a prendere coscienza più velocemente della situazione. Non siate così orgogliosi da non chiedere aiuto. Accettate idee da chiunque. Di solito se tutti contribuiscono con le loro idee e i loro talenti si ottiene una maggiore efficienza. Una battuta di caccia è meglio di un uomo da solo. E siate rapidi. I giorni passeranno molto più in fretta di quanto immaginiate. Datevi un ritmo e imparate dai vostri errori. Se non siete contenti del risultato, non vale un minuto del vostro tempo. Mettelo da parte e ricominciate daccapo. Ci servono film che siano come piccoli pezzi di carta da appallottolare e buttare via se non siete contenti. I progetti piccoli ci mantengono più allenati per quelli grandi. Un cortometraggio potrà non essere tra i migliori, ma in questo modo almeno può esistere.

Ascoltate le persone intorno a voi, non soltanto me. Insieme possiamo risolvere alcuni dei vostri problemi di regia. Nulla è compromesso irrimediabilmente. Il più delle volte ho il sospetto che possiate rispondere da soli alle vostre domande. Non voglio sminuire le mie responsabilità, ma grazie alle telecamere digitali disponibili sul mercato avrete molte occasioni di essere creativi a modo vostro, con i vostri tempi. I giorni che passiamo assieme non servono a me per insegnarvi, quanto a stimolarvi nel cercare dentro voi stessi ciò che è necessario.

Non ho mai studiato cinema, il che ha i suoi vantaggi e svantaggi. Quando ho iniziato come regista, ero ignaro di come funzionasse il mondo professionistico, perciò ero totalmente impavido. Semplicemente non sapevo di cosa dovessi avere paura. Per coloro che hanno già terminato gli studi di cinema, non siate troppo orgogliosi di aver ricevuto una formazione in tal senso. Le scuole non sono mai state l'unico posto per ottenere conoscienze. Una guida può essere utile, ma non dovresti aver bisogno di nessuno che ti dica di leggere un libro o di fare un film. Vuoi imparare oppure non vuoi. Troppe persone sprecano quattro anni della loro vita a pagare per qualcosa che potrebbero capire e assimilare in quattro settimane.

Ho sempre considerato migliori le scuole di cinema dove ci si forma autonomamente, alimentati solo dai propri bisogni e motivazioni. Istruitevi osservando, aguzzando la vista, poi fate pratica, andando fuori e facendo film. Non è difficile fare film poco interessanti, ma i progetti più validi sono spesso quelli più complessi, e di solito non dipende dalle risorse di cui dispone una scuola di cinema. Sono il risultato di impulsi inarrestabili, il prodotto di una immaginazione irremovibile.

Mi piace ascoltare storie, perciò si spera che nei prossimi giorni parlerò sempre di meno. Ci sono poche capacità corroboranti quanto quella di riuscire a raccontare una storia ad un pubblico che pende dalle tue labbra. Può avere qualunque tema: i vostri bagordi e scorribande della notte precedente, la vostra colazione, una discussione con vostra moglie, un incidente al lavoro. Potreste pensare che questi eventi non abbiano alcun valore per voi come narratori, come registi, ma insieme possiamo trovare il valore anche in ciò che a prima vista sembra triviale. I migliori film nascono dai momenti più semplici e brevi. Guardate con nuovi occhi alle banalità quotidiane della vita e scoprite quanto in realtà siano affascinanti. Il nostro lavoro da registi è quello di osservare, rievocare, e poi rappresentare sullo schermo.

Migliore è l'osservazione, più sarete testimoni di ciò che accade nel mondo, migliore sarà il vostro lavoro. Se ci sono storie che vi bruciano dentro, usate questa opportunità per raccontarle.

La base per i film che farete nel corso di queste giornate è probabilmente già nella vostra testa: i personaggi, i paesaggi e gli scenari che contengono. Il mio lavoro – il lavoro di tutti noi – consiste nell'estrapolarli. A volte un frammento di dialogo o un'immagine nella mia testa hanno ispirato un intero dramma. Il punto di partenza di ognuno dei miei film è un momento che ho vissuto, o mi è stato raccontato e che ho tenuto a mente fino a quando ho potuto farne un uso creativo. La mia testa è ancora piena di storie che non ho avuto il tempo di tirare fuori. Prima o poi una di queste rimane particolarmente impressa, assumendo una nuova importanza e magari diventando l'ispirazione per un film.

Quando seleziono i partecipanti per la scuola a Teheran dove ho lavorato per anni, non chiedo loro niente riguardo al cinema o se hanno mai fatto un film. Gli chiedo di raccontarmi una storia. Quello che si riesce ad inventare e la capacità con cui riescono a farlo – saper utilizzare le pause per un effetto drammatico, introdurre nuovi personaggi, cosa lasciare fuori, quando far finire

la storia – questo è il modo migliore per sapere se questa persona potrebbe essere un regista competente. Capire la relazione tra il narratore e l'ascoltatore è essenziale. Una delle poesie di Rumi ci dice che se c'è l'eloquenza, l'entusiasmo, e l'energia in qualcuno, queste nascono da chi ascolta la storia. Quello che mi ha spinto a fare *Copia conforme* è stato il forte entusiasmo di Juliette Binoche per la storia che le ho raccontato, la reazione nei suoi occhi, il movimento spontaneo della testa. Non ho mai avuto intenzione di trasformare quella storia in un film, e so che se l'avessi raccontata a chiunque altro non avrei mai fatto *Copia conforme*. Perciò cominciate a raccontarci le vostre idee e notate la nostra reazione.

Le nostre discussioni e il mio parere non sono giusti nè sbagliati. È come andare dallo psichiatra. Siamo qui soltanto per parlare ed esprimere le nostre idee. Non sono qui per imporre la mia visione. Le mie opinioni sono soltanto i miei film. La cosa più utile che possa fare è spiegare le mie sensazioni e descrivere il mio metodo nel fare le cose, il che potrebbe non esservi congeniale. Quello che vi chiedo è di trarre le vostre personali conclusioni, fare le vostre stime e poiché non c'è mai un solo modo di arrivare al risultato, sperimentare. Siamo qui insieme, quindi i patemi, e le gioie di questa settimana saranno condivisi da tutti. Siamo tutti commilitoni, provenienti da tutto il mondo, che parlano la stessa lingua. Il cinema ci lega in maniere straordinarie e ci permetterà di fare delle esperienze insieme nei prossimi giorni. Impegnatevi. Esprimetevi. Non state a bordocampo. Siate i primi a parlare. Voi e le vostre idee siete le perle. Io sono a malapena il metallo che tiene unita la collana.

۞ ۞ ۞

All'inizio di questi laboratori mi viene spesso chiesto che tipo di film mi aspetto dai partecipanti. La risposta più utile è la descrizione del tipo di cinema a cui sono incline, sia come spettatore che come regista. Ogni storia che mi colpisce o mi interessa ha un elemento di verità. Per me ci sono film che ritraggono le cose in modo onesto e credibile, poi c'è tutto il resto. Così come non mi piacciono le bugie nella vita, non mi piacciono nell'arte. Non importa se il film è girato con una pellicola a 70mm o con una minuscola videocamera, o se la storia è il prodotto di una fervida immaginazione o se mostra fatti reali dall'inizio alla fine. Ciò che importa è che il pubblico possa crederci.

۞ ۞ ۞

Il Cinema non è altro che finzione. Non ritrae mai la realtà per come è. Un documentario, per come lo intendo io, é un film fatto da qualcuno che non si intromette minimamente in quello di cui è testimone. Semplicemente lo registra. Non esiste un vero documentario perché la realtà non è un presupposto sufficiente su cui costruire un intero film. Dirigere un film prevede sempre che ci sia un elemento di reinvenzione. Ogni storia contiene un certo di livello di menzogna, perché porta l'impronta della persona che la racconta. Riflette un punto di vista. Usare un grandangolo per uno zoom di venti secondi piuttosto che un teleobiettivo per una ripresa di cinque mostra i preconcetti di un regista. Colore o monocromo? Sonoro o muto? Queste decisioni richiedono un'interferenza nel processo di rappresentazione. Un film può portare ad una situazione surreale partendo da una ordinaria, e nonostante questo restando ancorata alla verità. Questa è l'essenza dell'arte.

Un film animato non potrà mai essere reale, ma può comunque essere vero. Dopo due minuti dalla visione di un film di fantascienza, con attori credibili e situazioni convincenti, ci dimentichiamo che sia un'opera di fantasia. Crediamo ad un attore teatrale quando giace per terra morto sul palco e un minuto dopo si alza per fare un inchino e ricevere gli applausi. O quando un personaggio dice di essere sul punto di partire per un lungo viaggio per poi passeggiare da una parte all'altra del palco. O quando è costretto ad uscire dalla parte per raddrizzare la sua spada, che è fatta di metallo morbido e si è piegata durante la performance. Comprendiamo il fatto che un attore possa "morire" su un palco o in un film e riapparire altrove, come qualcun'altro.

Un film non deve rappresentare verità letterali. Piuttosto, è la verità a venire enfatizzata. Può essere accentuata e rifinita attraverso interventi ed intrusioni, mentre ne prendiamo il controllo e la riportiamo al pubblico in maniera creativa. Consentire ed incoraggiare questa creatività è parte del contratto stipulato tra pubblico e regista.

❂❂❂

L'ultima sequenza del mio film *Five* è stata ripresa in una laguna, a circa 400 kilometri da Tehran. C'erano solo due notti ogni mese e due ore per avere la luna come la volevo, perciò sembra un lungo piano sequenza di quindici minuti. In realtà *Five* è composto da centinaia di riprese e ci è voluto un anno per farlo, a volte facevo il viaggio in macchina per raggiungere la laguna ma la giornata era troppo nuvolosa o piovosa, perciò ho dovuto aspettare un mese per avere un'altra occasione. Quando la luna si nasconde dietro una nuvola, lo fa a Maggio, e poi rispunta a Settembre. Per molti spettatori i tagli e il montaggio sono impercettibili. Anche la colonna sonora è stata composta scrupolosamente. La serenata di rospi, che invoca il ritorno della luna, ha addirittura un solista. I coristi si basano su di lui.

Ho fatto un cortometraggio di diciassette minuti chiamato *Seagull Eggs* (Uova di gabbiano, ndt), che sembra un'unica immagine, un documentario in tempo reale. L'immagine è quella di tre uova che giacciono in equilibrio precario su una sporgenza rocciosa, mentre le onde si infrangono. Osserviamo i movimenti frenetici dell'acqua che sommerge continuamente le uova, poi si ritrae. Riusciranno le uova a sopravvivere all'incontro o cadranno nell'oceano, per non essere più riviste? Dopo pochi minuti, una delle tre sparisce. L'oceano è forse sazio? Ne divorerà un'altra? Aspettiamo trepidanti. Alla fine scompare anche il secondo uovo, poi il terzo. La musica cresce. Fine.

Le persone mi dicono quanto sia meraviglioso il fatto di aver trovato questo luogo, proprio in quel momento, sperando che sarebbe successo qualcosa di interessante. La verità è che avevo il totale controllo della situazione, a cominciare dalle uova, che erano uova d'anatra, comprate al mercato perché più facili da trovare delle uova di gabbiano. Ogni volta che ne cade una, sentiamo le urla degli uccelli, al fine di creare un senso di ansia. Tutti questi suoni sono stati registrati separatamente e missati. Avevo circa otto ore di riprese in totale, fatte nel giro di due giorni. Il primo giorno, il mare era abbastanza calmo. Il secondo era mosso, con le onde che si infrangevano continuamente sulla riva. In realtà, ci sono voluti due minuti affinché le onde portassero via le tre uova. Il mio assistente le sostituiva di continuo, e ogni volta scomparivano dopo pochi secondi. Ho passato i quattro mesi successivi a montare *Seagull Eggs*, al cui interno erano contenute venti diverse parti di film. L'idea mi è venuta ad un laboratorio come questo.

E la vita continua parla di un regista che ritorna in una zona dell'Iran dove aveva fatto un film diversi anni prima, e dove recentemente c'é stato un terremoto. Il film è ambientato tre giorni dopo il sisma ma è stato girato nei mesi successivi, quando molte delle macerie erano già state rimosse e le tendopoli allestite. Ho chiesto alle persone che vivevano lì durante la catastrofe di buttare per terra i loro pochi averi rimasti, ma molti hanno rifiutato. Tra la rovina e la distruzione, hanno cominciato a lavare i loro tappeti e appenderli sugli alberi ad asciugare, alcuni hanno preso in prestito vestiti nuovi da indossare durante le riprese. Il loro istinto di sopravvivenza era forte, ma lo era anche in loro amor proprio in mezzo a circostanze così difficili. Volevano fare uno spettacolo che non corrispondeva alla realtà che speravo di immortalare. Come molti dei miei film, *E la vita continua* è sia un documentario che un'opera di finzione.

C'è un simile avanti e indietro tra la fantasia e la realtà in *Close–Up*. Per la scena del processo, ho piazzato tre telecamere in una vera aula di tribunale. Una era per un primo piano dell'imputato Hossein Sabzian, l'altro per un'inquadratura più ampia del tribunale, il terzo per enfatizzare il rapporto tra Sabzian e il giudice. Una delle telecamere si è rotta praticamente subito ed era così rumorosa che sono stato costretto a spegnerla. Ci siamo ridotti a spostare la nostra unica telecamera funzionante da un punto all'altro, il che significava perdere un piano sequenza di Sabzian. Ecco perché quando il processo é finito dopo soltanto un'ora e il giudice se n'é andato preso da impegni, siamo rimasti a porte chiuse altre nove ore per riprendere Sabzian. Gli ho suggerito cosa dire di fronte alla telecamera. Alla fine abbiamo ricreato il processo senza il giudice. Le riprese che lo inquadrano presenti in *Close-Up* per far sembrare che sia presente tutto il tempo hanno rappresentato una delle più grandi menzogne di tutti i miei film.

Nonostante questi film siano ricchi di artifici – come molto del mio cinema che sembra essere un riflesso della realtà, nonostante sia spesso molto diversa – sono assolutamente credibili. Sono tutte bugie, nulla è reale e nonostante questo rimandano alla verità. Che io sia d'accordo o approvi qualcosa all'interno di una storia è secondario rispetto al fatto che io ci creda o meno. Perdo ogni contatto con un film a cui non credo. Mi sono addormentato prima del finale del primo film di Hollywood che ho mai visto, e anche da bambino sentivo che i personaggi di fantasia nella storia non avevano niente a che fare col mondo reale, con me. Il mio lavoro consiste nel mentire in modo tale che la gente ci creda. Fornisco al pubblico falsità, ma in maniera persuasiva. Ogni regista ha la sua interpretazione della realtà. Il che fa di ogni regista un bugiardo. Ma queste bugie servono ad esprimere una sorta di profonda verità umana.

❁❁❁

Non c'è niente di particolarmente notevole riguardo al realismo. Il suo valore dipende da come si interpreta e rappresenta. La verità non è l'opposto del mentire, è la scoperta dell'ignoto. La verità e la rivelazione saranno sempre più importanti del realismo.

❁❁❁

Un'esatta imitazione della vita, se davvero fosse possibile, non potrebbe essere definita arte. Una certa quantità di controllo è necessaria, altrimenti il regista è poco più di una telecamera di sorveglianza nell'angolo di una camera, o fissata sulle corna di un toro in un campo, una registrazione bendata. Ma anche in quel caso quale stanza e quale toro? Devono essere fatte delle scelte, e così si rivelano delle verità essenziali.

❁❁❁

Il pubblico deve capire che certe cose nei miei film hanno l'aspetto di qualcosa ma sono in realtà qualcos'altro? I dettagli della produzione sono importanti? Non penso. Non è affare di nessuno se non mio conoscere precisamente come vengono fatte le cose. Tutto ciò che deve fare il pubblico è trovare della veridicità nelle immagini e credere a ciò che gli mostro. Forse dovrei evitare di rivelare troppi dettagli perché – anche se in quest'epoca

altamente tecnologica non possiamo fidarci completamente di ciò che vediamo – le persone tendono a credere a ciò che vedono. Mi hanno implorato più di una volta di smettere di diffondere dettagli sulle metodologie che utilizzo per fare i miei film. Sembra che molte persone non vogliano sapere, come molti non vogliono vedere i loro attori preferiti senza trucco. Non vogliono sapere cosa succede dietro le quinte. Ma parlarvi delle due giornate che ho passato a riprendere quelle due uova seduto su una roccia, o il giudice che dopo un'ora di riprese se n'è andato perché aveva altro da fare, non ha molta importanza. I film sono comunque godibili e significativi. Voi, qui in questa stanza, probabilmente notate i sotterfugi che uso nel mio lavoro più velocemente dello spettatore medio. Se un regista mi dicesse che all'interno di un suo film c'è una menzogna e non capissi qual è, gli farei i complimenti.

❁❁❁

Durante una mostra di paesaggi, Balzac e l'artista stanno di fronte alla tela. Nello sfondo del dipinto, lontano dall'azione principale, una casetta al centro di un campo. Dal camino fuoriesce del fumo. C'é vita. Balzac si gira verso il pittore. "Quante persone vivono nella casa?"

"Non lo so, forse sei o sette."

"Intendi una famiglia?"

"Forse. Sì, una famiglia."

"Quanti figli?"

Il pittore ci pensa su. "Tre." Annuncia.

"Quanti anni hanno?"

"Mmm, direi otto, dieci e dodici."

La conversazione continua così fino a che il pittore, un po' frustrato gli dice "Signor Balzac, è solo una piccola casa nello sfondo di un quadro. Non importa quante persone vivano lì. Non conosco tutti questi dettagli."

"So che non ti importa di cose come queste," dice Balzac. "È chiaro che non sai quanti bambini vivano lì o quanti galli ci siano in giardino, o cosa sta preparando mamma per cena, o se papà può permettersi la dote per la figlia maggiore. Lo so perché vedo fumo uscire dal camino, ma non è credibile. Non sembra reale. Se avessi saputo queste cose, sarebbe un quadro migliore."

Un regista deve conoscere nel dettaglio tutto ciò che sta accadendo al di fuori dello schermo, anche se nessuno lo vedrà mai. Perché conoscere perfettamente questi fatti – quanto era rigido l'inverno precedente, quali coltivazioni crescono intorno alla casa, quali tragedie hanno colpito la famiglia – renderà le tue idee più interessanti e le interpretazioni che otterai dagli attori saranno più credibili. Ultimamente, prima di scrivere qualunque cosa, ho in testa parte delle immagini, come se stessi guardando il film prima ancora di averlo fatto. Immagino il protagonista che vive in quel paesaggio. Per diversi dei miei film ho selezionato gli attori molto prima di iniziare le riprese. A volte ho vissuto con queste persone e sono riuscito a conoscerle a fondo, integrando il copione con le loro conoscenze. Trascorrere del tempo con un attore, anche mesi prima di girare, significa che posso scrivere un intero romanzo su di lui e sul personaggio che andrà ad interpretare. È un processo efficacissimo, anche se non rivelerei quelle informazioni all'attore. Difficilmente lo aiuterà di fronte alla telecamera.

Costruendo una storia in questo modo, dall'interno, e aggiungendo alcuni dettagli personali si arriva ad un rapporto più ricco e profondo con gli spettatori. Notano la differenza. Durante questa settimana avrete il tempo di fare film di quattro o cinque minuti, quindi scordatevi ogni idea complessa, le teorie filosofiche o psicologiche, le trame contorte. Quando si tratta di fare cinema, come per qualunque cosa, ci vuole una certa disciplina per raggiungere la semplicità necessaria. Quando iniziate a lavorare sui vostri film, lasciate che la narrazione sia scorrevole e contenuta. In un film di quattro minuti non si può esplorare il passato di nessuno. La cosa più importante è ciò che il pubblico vede e sente. Qualunque cosa vogliano i personaggi, qualunque cosa stiano facendo, deve essere rappresentato fisicamente con gesti umani. Iniziamo a pensare in maniera cinematica, in immagini. Quando raccontate la vostra storia al gruppo, non filosofeggiate. Non spiegate niente. Descrivete soltanto ciò che vediamo e sentiamo. Un regista non distribuisce il suo manifesto al pubblico prima che veda il suo lavoro.

❂❂❂

Voglio aiutarvi a trovare la bellezza del banale. Voglio aiutarvi a trovare uno sguardo nuovo e cambiare il modo in cui vedete le cose. Questa settimana ci rifaremo gli occhi. Ci rieducheremo assieme.

❂❂❂

C'é un tipo di cinema, ormai diffuso, che non ha bisogno di un pubblico per fare uso della propria immaginazione. Dopotutto, non è difficile manipolare le emozioni di qualcuno. Sono i film brutti a tenerti incollato al sedile. Ti tengono in ostaggio. Ogni cosa è presente sullo schermo, perciò l'interpretazione viene esclusa, il regista pianifica minuziosamente le emozioni da sentire. Poi, quando le luci si accendono, dopo un paio di minuti hai dimenticato tutto e ti senti tradito.

Preferisco un altro tipo di cinema. Uno dove il pubblico – così vulnerabile mentre siede in un nel buio di un multisala – non viene privato del proprio raziocinio e reso vittima di un ricatto morale, vedendo perciò le cose con uno sguardo più consapevole. Un buon film ti prende di sorpresa. Ti provoca, risveglia qualcosa dentro di te, ha la sua influenza su di te anche dopo che è finito. Un buon film deve essere completato da me, nella mia testa, a volte molto dopo. Può farmi addormentare mentre lo guardo, ma settimane dopo potrei svegliarmi, agitato, con l'immaginazione che si sbizzarisce e pensare: "Devo rivederlo." Non importa se qualcuno si addormenta mentre guarda uno dei miei film, a patto che li sogni.

"Non riuscivo a smettere!" questo è ciò che senti dire a chi sta leggendo un libro. Perché è una buona cosa? La grande arte ti ispira, richiedendo per questo una forma di partecipazione. È troppo stimolante per essere vissuta tutta in una volta. Alcuni film mi costringono a prendere una pausa e andare in cucina a prendere un drink , o a stare fermo di fronte alla finestra a fissarla. C'è così tanto a cui pensare che devo allontarmi e prendere una boccata d'aria. All'epoca, quando ancora guardavo film, me ne andavo dopo una scena particolarmente notevole o commovente, o addirittura se un singolo fotogramma eccezionale mi passava di fronte agli occhi. Avevo già il mio finale in mente e immaginavo che la mia conclusione della storia fosse più interessante. In alcuni casi, arrivare a quel punto del film era sufficiente. Semplicemente non avevo bisogno di vedere altro. Dovevo prendere le distanze, anche solo per qualche minuto. A volte quando sto montando un film mi viene voglia di inserire l'inquadratura di uno schermo vuoto e senza il sonoro per cinque minuti. L'effetto sarebbe quello della pagina bianca di un romanzo che permette al lettore di avere un momento di pausa e pensare. Ma non ho mai trovato il coraggio.

❂❂❂

Decenni fa ero ad un festival del cinema in Francia, dove proiettavano il mio film *The Experience*. Per me era un momento importante perché finalmente avevo la possibilità di mostrare il mio lavoro fuori dal mio paese. Nel bel mezzo della proiezione le porte si sono spalancate di colpo e un folto gruppo munito di cartelli si è accalcato dentro. Siamo stati invasi da una protesta politica. Il proiettore è stato spento e le luci accese. Sono uscito di corsa, sconsolato perché mi stavo godendo la visione del mio film insieme al pubblico, poi ho notato che lo proiettavano in un altro cinema in città, quindi sono corso lì. Nel buio della sala ho trovato una fila di posti libera e mi sono seduto. "C'è un silenzio di tomba. Devono essere rapiti dal film." Pensai tra me e me. Quando le luci si accesero, mi voltai. Tutti e quattro i membri del pubblico erano profondamente addormentati.

۞ ۞ ۞

Qualche anno fa, durante la proiezione di alcuni miei film in qualche città europea, un impiegato dell'ambasciata iraniana mi ha detto: "Lei è un buon regista, signor Kiarostami, ma deve fare ancora molta strada prima di fare un film bello come *Ben-Hur*."

۞ ۞ ۞

Se Dio ci ha fatto dono di qualcosa è il potere dell'immaginazione. Sognare ha senza dubbio una funzione, altrimenti perché ne saremmo capaci? La bruttezza del mondo si staglia di fronte a noi, a prescindere che la si guardi o meno. Ma mentre filtriamo queste cose e scaviamo nelle nostre inibizioni, mentre sogniamo e fantastichiamo, arriviamo a capire i nostri veri sentimenti, credenze e desideri. Così facendo, fuggiamo temporaneamente dalla vita reale.

Alcuni hanno bisogno della propria immaginazione più di altri. Quando le cose si complicano cominciamo automaticamente a sognare. Più rifiutiamo la realtà più ci rifugiamo nella nostra immaginazione, che solo noi possiamo controllare, che nessun sistema di inquisizione può reprimere. Con i sogni possiamo superare la miseria della vita, potremmo addirittura superare le mura di una prigione, tutto senza muoverci di un millimetro. Sognare è un'opportunità per rendere la vita più tollerabile. Ci fornisce un maggiore livello di resilienza, ci fa accettare alcune delle nostre difficoltà. Se ci fosse una macchina capace di misurare la nostra attività onirica, scopriremmo che l'immaginazione di chi lavora in metropolitana è costantemente stimolata perché passa tutto il giorno nell'oscurità del sottosuolo. Gli uccelli cantano più forte quando sono tenuti in gabbia.

I sogni rinvigoriscono. Se sei dentro una stanza e hai bisogno di aria, apri una finestra. Oppure pensi ad un sistema di riscaldamento che si attiva automaticamente quando la temperatura diventa troppo bassa. Una volta mi è stato chiesto se preferirei perdere la vista o la possibilità di sognare. "Mi terrei la vista," risposi, ma poi mi resi conto che la cecità è sopportabile rispetto alla mancanza di sogni, che sognare è una delle capacità umane più meravigliose. Diamo valore alla nostra capacità di vedere, sentire, all'olfatto e al tatto, ma cosa sarebbe la vita se non potessimo sognare? Il valore di qualcosa passa inosservato fino a che non scompare. Questa settimana, se trovate noioso ciò che viene detto in questa stanza, distraetevi e iniziate a sognare. Andate oltre il vostro solito modo di pensare.

Dicono che un pittore dipinge ciò che vede, che si dovrebbero fare film su ciò che si conosce. Non riesco a immaginare un consiglio peggiore per un regista. È vero che la vita reale è spesso ciò su cui baso le mie storie e la spinta per i miei film, che le persone della quotidianità mi ispirano. Non invento molto, più che altro resto concentrato su ciò che mi circonda, poi provoco gli eventi e li organizzo mentre avvengono di fronte alla telecamera. Sono come un fioraio che non fa crescere i fiori, li organizza soltanto. I registi che utilizzano libri e riviste per raccontare delle storie sono come persone che vivono a fianco ad un fiume ricco di pesci e mangiano ugualmente sardine in scatola.

Ma nonostante io permetta al mondo di pervadermi, anche se prendo spunto dalle persone intorno a me, la narrazione migliore è quella ispirata dai sogni e dall'immaginazione, quando evado dal mondo reale. La maggior parte delle persone non capisce le possibilità offerte dalla loro immaginazione che all'apice del suo potere può soggiogare ed eclissare qualunque altra cosa. Come punto di partenza, andate sempre alla fonte delle cose: la vita stessa. Esplorate prima quello che vi sta intorno. Ma poi andate oltre. L'organizzazione ideale è quella dove si sta in perpetuo movimento tra la realtà e il mondo dei sogni, tra il mondo e l'immaginazione. La realtà stimola la creatività, ma il cinema ci fa andare oltre la nostra vita quotidiana, regalandoci una finestra sui nostri sogni. È qui il suo potenziale. Un poeta, non ricordo chi, disse che l'arte è l'intreccio tra razionalità ed emozione. Né la ragione, né la vita reale da sole sono mai state sufficienti a raggiungerla.

Le esperienze comuni sono importanti. Essere in grado di stare in mezzo alla folla corrisponde all'essere in grado di stare per conto proprio. Affrontate le vostre paure e potrete affrontare quelle della collettività. Allo stesso tempo ognuno pensa in maniera diversa. All'interno di ogni gruppo troverete una moltitudine di reazioni e interpretazioni uniche, tutte collegate e ciononostante separate. Il frutto dell'immaginazione è unico per ognuno, ed arrendersi agli interessi del gruppo ne mina l'individualità. Veniamo impressionati ognuno a suo modo. È pericoloso reprimere queste cose. L'insegnamento può anche essere la chiave dei problemi della società, ma può anche soffocare, cancellare le personalità e schiacciare l'immaginazione. La conoscenza fine a sé stessa è inutile. Deve essere personalizzata. Il pensiero collettivo non fa che darmi noia.

Mentre facevo il montaggio della scena di *The Experience* dove il ragazzo mette le sue calze ad asciugare, ho scoperto dei problemi di coerenza tra le scene. Ci siamo dimenticati di lasciare le calze appese sul filo per stendere. C'erano in un'inquadratura ma scomparivano nella successiva. Ero nervoso, e lo diventai ancora di più quando il proprietario del negozio rifiutò di farci tornare per fare di nuovo le riprese. Alla prima proiezione del film mi sono seduto a fianco ad un amico, e quando è arrivata quella scena mi sono messo a parlare per distrarlo: non volevo che si accorgesse delle calze mancanti. Quando sono uscito dal cinema mi aspettavo di sentire lamentele sulle calze e fui veramente sorpreso scoprendo che nessuno se ne era accorto. Se riesci a catturare il pubblico con una storia avvincente, certi dettagli diventano insignificanti.

A differenza dell'Occidente, dove la poesia è principalmente retaggio dell'élite, ci sono iraniani analfabeti che sono in grado di imparare lunghi passaggi poetici a memoria. È un paese dove decoriamo le tombe dei poeti, dove ci sono canali televisivi che trasmettono ininterrottamente poesie recitate. Quando mia nonna voleva lamentarsi o esprimere il suo amore per qualcosa, lo faceva tramite la poesia. In Iran, persone relativamente comuni hanno una filosofia di vita che è di per sé poetica. Quando si tratta di cinema, questo è il tesoro che ci permette di compensare le nostre lacune tecniche.

❂❂❂

Una volta mi è stato chiesto se l'arte iraniana si basa sulla poesia. Ho risposto che tutta l'arte si basa sulla poesia. L'arte è una scoperta, tramite la resa di una nuova informazione. La vera poesia ci porta al sublime. Sovverte le routine meccaniche a cui siamo abituati, che è il primo passo verso la scoperta e la crescita. Mostra un mondo altrimenti nascosto allo sguardo dell'uomo. Va oltre la realtà, penetra nel reame del vero, ci permette di volare per migliaia di metri e guardare il mondo dall'alto. Tutto il resto non è poesia. Senza l'arte, senza la poesia, arriva l'indigenza

I romanzi che possiedo sono in condizioni praticamente perfette. Li leggo una volta e poi li metto da parte, ma i libri di poesia sugli scaffali stanno cadendo a pezzi. Li rileggo continuamente. La poesia non è semplice da cogliere perché invece di narrare una storia presenta delle astrazioni. L'essenza della poesia è l'incomprensibilità. Un poema, per sua natura, è incompleto. Ci invita a concluderlo, a riempire i vuoti, a unire i puntini. Decifra il codice e i misteri avranno risposta. La vera poesia sarà sempre più longeva della narrazione.

❂❂❂

Una poesia sembra diversa ogni volta che viene letta, a seconda dello stato mentale e della fase della propria vita. Cresce e si modifica insieme a te, forse anche dentro di te. Questo spiega perché adesso le poesie che leggevo da bambino sortiscono un effetto diverso. Una poesia che ieri era edificante domani potrebbe sembrare noiosa. O forse con una prospettiva rinnovata della mia vita provo eccitazione nel riscoprire le cose che mi sono perso anni prima. In ogni situazione, in ogni periodo, ci relazioniamo con la poesia in modi nuovi. Le poesie sono come specchi con cui riscopriamo noi stessi.

Da giovane, quando avevo quindici o sedici anni, adoravo le opere di Mehdi Hamidi Shirazi, il suo forte amore per la poesia, pregno di afflizione e miseria. Non potevo permettermi i suoi libri, così il mio amico ne prese una copia dalla stanza del fratello e me la prestò per tre giorni e tre notti. Era essenziale che la rimettessi al suo posto prima che se ne accorgesse. Passai quel tempo riscrivendo il libro a mano e facendolo cominciai a memorizzare il testo. Successivamente, la presenza di questi ritmi e di queste parole nella mia testa cominciò a farmi sentire disilluso. Proprio come alcune persone disprezzano i tatuaggi ormai consumati sul loro corpo, ero risentito dall'avere dentro di me questa poesia così intensa ma ormai per me priva di significato. In seguito feci un viaggio a Londra con un amico, che voleva farmi conoscere qualcuno. "Magari non l'hai mai sentito nominare, ma è un poeta il cui lavoro mi ha profondamente influenzato." Si scoprì che era Hamidi Shirazi. Mi ricordo di essermi chiesto se era una buona idea incontrare un uomo il cui lavoro mi aveva causato una tale ansia. Il mio amico continuò ad insistere e infine andammo a far visita ad Hamidi Shirazi, venendo a sapere che era gravemente malato. "Sono qui con il signor Kiarostami" disse il mio amico "Conosce molta della sua poesia a memoria, vuole che le reciti qualcosa?" Il poetà annuì. Quando cominciai a parlare accadde qualcosa di straordinario: il poeta cominciò a piangere e anche il mio amico si commosse fino alle lacrime. Io stesso ho provato delle sensazioni forti recitando quei versi, dopo tutti quegli anni passati a rifuggirli.

In quel momento mi sono reso conto che il mio sfoggio di memoria era stato tutt'altro che inutile, che non era stato una perdita di tempo. Sono rimasto lì, mentre le parole fuoriuscivano dalla mia bocca e ritornavano al suo autore. Allo stesso tempo, io per primo mi avvicinavo nuovamente alla sua poesia. La mia visione della vita era cambiata, come i miei sentimenti per il lavoro di Hamidi Shirazi. Poteva andare altrimenti?

❁❁❁

Chi è in difetto verso una poesia se non riesce a capirla? Cosa significa "capire" una poesia? Riusciamo a capire un brano musicale? A capire un quadro astratto? Ognuno di noi ha un livello di comprensione delle cose, il limite oltre il quale la nostra capacità di interpretazione viene offuscata e sopraggiunge la perplessità. Con la poesia non ci si può aspettare una comprensione immediata e completa. Cose come queste richiedono impegno. Nel caso del cinema, troppi film danno la pappa pronta. Il pubblico ormai si aspetta sempre un messaggio chiaro e univoco. Consuma senza riflettere, abituandosi a rifuggire i film con dei finali aperti, film come i miei. Troppe persone inizialmente curiose sembrano perdere interesse dopo che acquistano il biglietto per un film. Per abitudine, accettano qualunque cosa gli si offra – questa overdose di informazioni, di ordine, di spiegazioni – e non sono interessati a capire le cose da soli. Vogliono poter capire un film al primo sguardo. Se anche un solo momento è poco chiaro, l'intero film diventa incomprensibile.

Mi piace che il mio cinema risulti vago. Mi piacciono le ambiguità. Sono un regista che chiede al pubblico di sforzarsi più del solito, di crogiolarsi nella confusione, in modo da esprimersi. Questo è il motivo per cui perdo alcuni spettatori. Per me il cinema deve indurre le persone a osservare e fare domande, a prendersi il disturbo di considerare il cinema qualcosa di diverso dal mero intrattenimento.

* * *

Se ad una storia manca l'ultima pagina, siamo costretti a chiederci cos'è successo al nostro eroe, quali decisioni ha preso. È come se l'autore lasciasse che i suoi lettori completino da soli la storia. Alla fine del mio film *The Report*, una coppia con problemi coniugali si trova in una stanza d'ospedale. Lei ha tentato il suicidio ed è a letto. Lui è su una sedia accanto a lei, dove resta seduto tutta la notte. La mattina dopo vede che gli occhi di sua moglie sono aperti, che è viva. Prende la giacca e se ne va. L'ultima inquadratura del film mostra le porte d'ingresso dell'ospedale mentre quest'uomo esce, sale in macchina e se ne va. Un finale del genere mi permette di evitare di rispondere alle domande e, invece, di porle. Il pubblico è costretto a prendere una decisione. Un film con un finale aperto è più credibile di uno con una risoluzione definitiva, solida e sigillata. Quale film inizia con l'inizio della vita di un personaggio e finisce con la fine di quella vita? Tutti hanno un passato e un futuro che non vediamo mai. Questo workshop finirà e torneremo tutti a casa, ma le idee che abbiamo espresso continueranno ad avere un effetto su di noi. Non c'è una conclusione definitiva alle nostre esperienze di questa settimana. Una storia inizia prima che la incontriamo e si conclude molto tempo dopo che ce ne siamo allontanati.

* * *

Quando parlo di cinema poetico, penso a quel tipo di cinema che possiede le qualità della poesia, che racchiude il vasto potenziale del linguaggio poetico. Ha le capacità di un prisma. Ha una complessità. Ha una qualità duratura. È come un puzzle incompiuto che ci invita a decifrare il messaggio e a mettere insieme i pezzi come vogliamo.

Il pubblico è abituato a film che offrono finali chiari e definiti, ma un film con un'essenza poetica ha una certa ambiguità e può essere visto in molti modi diversi. Permette alle fantasia di svilupparsi nell'immaginazione dello spettatore. Le interpretazioni alternative prosperano. Una poesia ci chiede di scoprirne il significato combinando sentimenti e idee soggettive con i sentimenti e le idee sulla pagina, il che significa che la nostra comprensione ci appartiene. Se non fosse per il subconscio, gran parte di ciò che consideriamo arte non avrebbe successo. Ciò che accade tra le righe di una poesia accade in un solo posto: dentro la nostra testa. Perché il cinema non può fare lo stesso? Se nella poesia è insito un livello di incomprensione, perché non può esserci anche nel cinema? Perché un film non può essere vissuto come una poesia, un dipinto astratto o un brano musicale? Il cinema non sarà mai considerato una forma d'arte importante se la possibilità di incomprensione non sarà accettata come un attributo positivo.

۞۞۞

Qualcuno al di fuori dell'Iran che non capisce la poesia persiana può apprezzare il mio lavoro perché la poesia è uno stato d'animo. Comprendere la poesia di una cultura significa comprendere tutta la poesia. C'è un'universalità.

۞۞۞

La poesia può essere una forma di espressione ambigua in cui certe idee di cui altrimenti non potresti parlare in pubblico possono essere protette ed esplorate. Perché non nel cinema?

۞۞۞

Quanto puoi rendere visibile senza in realtà mostrare nulla? Voglio creare quel tipo di cinema che mostra senza mostrare. Alcuni film rivelano così tanto che non c'è spazio per l'immaginazione del pubblico. Il mio obiettivo è permettere a chi guarda di creare quanto più possibile nella propria mente. Mentre guardiamo i personaggi di un film ed esploriamo le situazioni in cui si trovano, ci vengono in mente la dolcezza e l'amarezza, l'accordo e il conflitto, la follia e la saggezza delle nostre stesse vite. Il cinema suscita tanto interesse sia per i sentimenti e i pensieri che fa fluire nelle menti degli spettatori sia per ciò che effettivamente si svolge sullo schermo davanti ai loro occhi. Voglio che tutti guardino i miei film interpretandoli insieme. Voglio sfruttare le informazioni nascoste all'interno di essi. Quando qualcuno guarda con molta intensità, in persiano diciamo: "Aveva due occhi e ne ha preso in prestito altri due." Quei due occhi presi in prestito sono ciò a cui voglio dare vita. Ci consentono di vedere cosa accade oltre l'immagine stessa.

❂❂❂

C'è poca dignità in un cinema che ammette una sola versione del reale. Un regista che desidera che il suo lavoro venga accolto in modo uniforme dal pubblico è colpevole di ignorare il suo potenziale. Individualismo e differenza di opinioni sono ciò che desidero da chi guarda i miei film. Le opinioni unanimi sono noiose.

Un film poetico viene realizzato prima dal regista e poi di nuovo nella mente dello spettatore, per questo non mi interessa spiegare nulla. Se qualcuno del pubblico vede uno dei miei film e lo interpreta in un modo che non avevo previsto, è più vantaggioso per tutti se non dico nulla per smentirlo. Una volta che un film è stato completato, il suo creatore dovrebbe farsi da parte. Gli spettatori dotati di amor proprio eviteranno di sentire ciò che dico sul mio lavoro, perché possono ottenere da soli quelle informazioni. Uniscono le proprie idee, convinzioni, gioie e antipatie ai personaggi e i colori che stanno guardando, le voci e i suoni che stanno ascoltando. In questo modo completano il film. La maggior parte del pubblico ha un'immaginazione diabolicamente fertile e creativa, il che significa che non devo fare io tutto il lavoro.

❂❂❂

In *Sotto gli ulivi* c'è una discussione tra un personaggio in macchina e alcuni operai le cui attrezzature bloccano la strada. Viviamo l'incidente solo attraverso i volti delle persone coinvolte, non vediamo mai la strada, ma abbiamo l'impressione che ci sia stato mostrato tutto. La nostra mente viene inondata da immagini di quella strada bloccata. Immaginate una scena di un film in cui l'inquadratura si sposta avanti e indietro tra due persone che parlano al telefono. Mettilo a confronto con una scena in cui sentiamo esattamente lo stesso dialogo, ma vediamo solo uno degli interlocutori. Anzi, consideriamo una terza opzione: sentiamo ogni parola detta ma non vediamo nessuna delle persone parlare. Vediamo qualcosa di completamente diverso, qualcosa che, a prima vista, è completamente scollegato dalla conversazione. Tali giustapposizioni possono essere provocatorie. Perché non lasciare che sia il pubblico a sforzarsi?

In *Il sapore della ciliegia* seguiamo Badii, un uomo di mezza età, il cui piano è assumere sonniferi per poi sdraiarsi in un fosso sul ciglio della strada alla periferia di Teheran. Sta cercando qualcuno che lo aiuti nel suo suicidio, qualcuno che lo ricopra di terra la mattina seguente. Alla fine del film non sappiamo se ha avuto successo nel suo compito. La gente mi chiede se Badii è morto e si lamenta che non è chiaro il motivo per cui voglia suicidarsi. Per quanto mi riguarda, il pubblico non ha bisogno di sapere esattamente quali siano i suoi problemi, ha solo bisogno di sapere che quest'uomo è in difficoltà. Sta a loro determinarne le specifiche. Dopo una proiezione a New York, una donna mi ha detto che Badii è decisamente infelice in amore, mentre suo marito insisteva nel dire che la causa dei suoi problemi sono i soldi presi in prestito che non è in grado di ripagare. Reazioni divergenti come queste rivelano di più sulla vita di quella coppia di quanto il mio film avrebbe mai potuto fare su Badii. Alcune persone mi dicono che *Il sapore della ciliegia* è ottimista e spensierato, altri dicono che è pessimista e sinistro. Una persona mi ha addirittura detto che è erotico. Questi sono tutti punti di vista validi che posso capire.

Ho pubblicato un libro di fotografie, intitolato *Rain and Wind*, che è composto interamente da immagini scattate dall'interno di auto in movimento, attraverso i finestrini schizzati di pioggia. Ne ho scattate alcune con la macchina fotografica in una mano e l'altra sul volante. In nessuna di queste immagini il mondo esterno è completamente visibile. Presumibilmente ognuno guarda queste fotografie di pezzi di vetro oscurati in modo diverso. È una specie di test di Rorschach. Tutti troviamo qualcosa di unico da considerare: il contorno di una strada, di un paesaggio, di un'auto, di un albero o di un edificio. Un altro mio libro fotografico contiene immagini di muri, un altro ancora di bellissime porte antiche, sempre chiuse, e un altro ancora di finestre. La domanda è sempre la stessa: cosa c'è oltre? Vi invito a guardare dietro le quinte.

In *Dieci*, girato in un'auto che attraversa Teheran, la telecamera mostra il volto di Mania Akbari mentre osserva il traffico intorno a lei, che non vediamo mai. È più interessante se permettiamo al pubblico di immaginare tutto da solo. Che tipo di macchina si è appena fermata davanti a lei? Chi guida? C'è qualcuno sul sedile del passeggero? Dove stanno andando? Queste sono domande a cui non potrei mai rispondere e non ho mai sentito il bisogno di rispondere. All'inizio del film, il figlio di Mania è seduto accanto a lei in macchina. Le scene in cui si intravede brevemente suo padre e per qualche secondo si sentono parlare sono sufficienti per suggerire in che modo il bambino somiglia a quest'uomo. Non serve altro per rappresentare la società patriarcale in cui vivono e come questa influenzi il rapporto del ragazzo con sua madre.

C'erano due telecamere in macchina, ma ho deciso di restare fisso sul ragazzo per i primi sedici minuti del film. Rimandando la visione della madre – sentiamo solo la sua voce – il pubblico diventa sempre più curioso di sapere chi è, che aspetto ha. Il bambino ha dato una performance sorprendentemente avvincente perché era credibile in maniera sublime. Però non riusciamo a toglierci dalla testa questa donna, o il desiderio di vederla. Poiché è senza volto, invisibile, per quei sedici minuti ogni donna è in grado di immedesimarsi con la madre di questo giovane petulante.

Non ho mai voluto che si guardassero film come se si stesse facendo un cruciverba, dove le risposte sono le stesse per tutti. L'identità di un film è stabilita da chi lo guarda, il che significa che ci sono tanti significati quanti sono gli spettatori. Un film non dovrebbe avere una struttura solida o una conclusione chiara. Dovrebbero esserci buchi e fessure in cui il pubblico può arrampicarsi. È un gioco senza fine. Vi invito ad evitare di dare spiegazioni. Quando una cosa è affermata con certezza, non c'è spazio di manovra. Inserite dell'ambiguità e il pubblico si sentirà privo di limitazioni.

Sfruttate le opportunità per nascondere i dettagli e gli spettatori avranno più potere. Nel momento in cui si guarda uno dei miei film, si crea qualcosa di nuovo. Più un film è aperto, più nascono le interpretazioni. Come dice Rumi: "Ognuno diventa mio amico in virtù della propria visione."

۞۞۞

Il regista non dovrebbe limitarsi a parlare e il pubblico ad ascoltare. Non ho risposte per gli spettatori. Sta a loro rispondere e riflettere a modo loro. Noi cineasti possiamo avere accesso alle telecamere ed essere responsabili del montaggio, ma ciò non significa che tutti gli altri siano meno creativi o abbiano meno controllo nel determinare il significato di un film. Quando un regista cala il sipario ogni membro del pubblico – tramite l'immaginazione – crea il suo mondo. Anche se raramente mi informo nel dettaglio su questi aspetti, come regista faccio ancora affidamento su quella creatività. Più di ogni altra cosa, un film dovrebbe essere un memorandum. Ogni persona del pubblico dovrebbe essere in grado di associare un film alle proprie paure e passioni. I film che non consentono questo tipo di immedesimazione, che possono essere descritti in venti parole o meno, non sono ciò che voglio vedere. Nel momento in cui un film si impegna ad avere un inizio, una parte centrale e una fine, divento restìo. L'era di Scheherazade – del pubblico tenuto in suspense, in cui si sa già nelle prime cinque inquadrature di un film chi è l'eroe, quali sono le sue motivazioni, quanto è arduo raggiungere il suo obiettivo, quali ostacoli ci sono sulla sua strada, chi sarà lì per aiutarlo ed essere certi che prevarrà – deve finire.

۞۞۞

Se sei sincero quando fai un film, se non pensi esclusivamente alle esigenze del mercato, il tuo lavoro conterrà elementi della tua personalità, che tu lo voglia o no.

۞۞۞

Alcuni dei film più interessanti realizzati durante i laboratori appartengono ai partecipanti con un'abilità tecnica minima e che utilizzano il minor numero di strumenti, ma si sforzano al massimo.

۞۞۞

È doloroso quando una sola persona, un artista o un politico, decide qualcosa per conto di tutti gli altri. Il compito dell'artista è portare alla luce i problemi, ma tutti hanno la responsabilità di rifletterci. Il regista e il pubblico sono uguali, sullo stesso piano. Un anno fa, uscendo dalla proiezione di un mio film, fui applaudito. Quindi ho applaudito di rimando.

❂❂❂

Il cameraman di *Attraverso gli ulivi* si lamentava di non riuscire a vedere i volti dei due personaggi principali perché erano troppo lontani dalla telecamera. Voleva fare un primo piano. Gli ho detto che non era necessario, che ogni membro del pubblico lo avrebbe fatto nella propria mente se avesse voluto. Quando vengono presentati personaggi intriganti in situazioni intriganti, non importa se accade lontano dalla telecamera, gli spettatori perspicaci capiranno le cose da soli.

Alcuni cameramen sono come i fotografi della polizia che fanno foto segnaletiche e insistono affinché entrambe le orecchie siano sempre visibili. Un approccio più rispettoso evita di dirigere lo sguardo del pubblico in modo così esplicito. Consentite alle persone di decidere da sole quando fare uno zoom e cosa guardare. Anche i migliori spot televisivi che ho visto ieri sera nella mia camera d'albergo, come intermezzo de *Il Padrino* – film che ammiro, tra l'altro – sono fatti in questo modo. "Un libro letto da mille persone diverse," ha detto Andrei Tarkovsky, "è mille libri diversi." Il potere dell'arte risiede nelle diverse risposte che crea in persone diverse. Anche se non amo particolarmente i suoi film, trovo interessanti le teorie di Robert Bresson, in particolare il suo metodo di creazione attraverso l'omissione. "Non si crea aggiungendo ma togliendo," ha scritto. Ci sono alcune cose che non hanno bisogno di essere viste. Il mio modo di impostare le riprese costringe lo spettatore a sedersi con la schiena dritta, allungando il collo, cercando ciò che non viene mostrato.

Qualcuno può avere un impatto su di noi attraverso la sua assenza. La cerimonia funebre attorno alla quale ruota la storia di *Il vento ci porterà via* non viene mai mostrata, ma ogni membro del pubblico riesce ad immaginarsela. Di molti personaggi si parla soltanto, non vengono mai mostrati, ma alla fine del film abbiamo la sensazione che siano sempre stati lì. Ognuno di noi immagina a modo suo queste persone scomparse e così facendo partecipa attivamente alla realizzazione del film. Ogni personaggio invisibile ha tanti volti quanti sono i membri del pubblico. Quanto più creativo è il regista nel rimuovere le informazioni dallo schermo, tanto più interessato diventa il pubblico. Le loro menti si infiammano. Non hanno nemmeno bisogno di un regista.

In *Copia conforme* vediamo il bambino solo all'inizio del film, ma la sua presenza è evidente ovunque, come una croce che sua madre deve portare. In *Il sapore della ciliegia* la famiglia di Badii non si vede, ma sentivo che c'era sempre una donna particolare, implicita, nascosta sullo sfondo del film, e quindi anche nella mente del pubblico. Il fatto di non vederla mai non ci impedisce di farci un'idea del rapporto tra queste due persone. Quel vuoto è quasi un mezzo per attribuirle un'importanza ancora maggiore. Quando vediamo Badii attraverso la finestra del suo appartamento, ci chiediamo dove siano sua moglie e i suoi figli. Quando guardiamo dalla finestra del nostro vicino e notiamo qualcuno all'interno, o sediamo di fronte a una coppia di anziani in un ristorante, immaginiamo la loro intera vita. Ascoltiamo solo frammenti della loro conversazione, ma intere storie e scene vivide balenano nella nostra mente.

Ho realizzato un film intitolato *Close-Up*, sulla vera storia di Hossein Sabzian – un grande amante del cinema – che convince la ricca famiglia Ahankhan di Teheran di essere il famoso regista iraniano Mohsen Makhmalbaf e che un giorno li inserirà in uno dei suoi film. La famiglia invita Sabzian a casa loro e gli prestano dei soldi, poi scoprono la verità e lo denunciano alla polizia. Alla fine del film vediamo Sabzian uscire di prigione e incontrare per la prima volta il vero Makhmalbaf. Sabzian abbraccia con grande emozione Makhmalbaf e insieme partono in moto.

Li seguivo in macchina, li ascoltavo parlare e mi sono reso conto subito che nulla di quello che dicevano sarebbe stato adatto al film. Il problema era che Makhmalbaf sapeva di essere registrato ma Sabzian no. Erano solo due monologhi opposti piuttosto che un dialogo che avrei potuto usare. Il falso regista era troppo reale e il vero regista era troppo falso. Inoltre, stavamo concludendo la produzione e lasciare un dialogo inedito tra loro due avrebbe spostato il film in una nuova direzione. La narrazione doveva essere progressivamente indirizzata verso il climax, non aperta. Anche il dialogo narrato avrebbe reso Makhralbaf l'eroe, ma volevo che Sabzian fosse al centro della storia dall'inizio alla fine. Ogni elemento in *Close-Up* sarebbe risultato sbilanciato, come Marlon Brando che si presenta per la prima volta negli ultimi dieci minuti di un film.

Sono stato sveglio tutta la notte chiedendomi come far funzionare la scena, finché non mi sono reso conto che la soluzione era far sembrare che il microfono fosse difettoso. Il montatore mi ha guardato incredulo quando gli ho detto che volevo tagliare la registrazione. Si è categoricamente rifiutato di lasciarsi coinvolgere in una tale follia, quindi l'ho fatto io stesso. Si sente qualche parola solo ogni tanto durante quella scena. Tutto il resto è incomprensibile. Oggi lo considero uno dei momenti più importanti tra tutti i miei film, soprattutto quando qualcuno si lamenta perché vuole sapere cosa si dicono Makhmalbaf e Sabzian. Il pubblico è stato preparato, spinto a pensare a cose al di là dell'inquadratura del film. Vogliono sapere cosa c'è fuori dallo schermo, il che significa che devono colmare le lacune da soli.

Mi chiedo se potrei mai fare quello che ha fatto Sabzian. Chi è completamente felice? Ognuno di noi non immagina come sarebbe essere qualcun altro? C'è un Sabzian nascosto dentro tutti noi. Quando avevo sedici anni copiai *I Canti di Bilitis* per una ragazza, dicendole che l'avevo scritto io. Ognuno di noi è a caccia di un'identità diversa.

Per me, *Close-Up* riguarda il potere dell'amore. Quando qualcuno ama qualcosa così intensamente – il cinema, in questo caso – è capace di un'audacia sorprendente. Scoprendosi capace di raccontare bugie così spettacolari alla famiglia Ahankhan, Sabzian si è trasformato in un vero artista. Quando sono andato a casa della famiglia per mettere in scena l'arresto di Sabzian, ha detto a uno dei figli che in realtà non li aveva ingannati. Alla fine ce l'aveva fatta, aveva mantenuto la promessa di portare con sé una troupe televisiva. Dopotutto, la famiglia sarebbe comparsa in un film. Eravamo la troupe che Sabzian aveva sognato? Ero sbalordito. Ciò che Sabzian ha detto agli Ahankhan potrebbe essere stato frutto della sua fantasia, ma in qualche modo era anche vero perché la famiglia ha finito per interpretare una versione di se stessa in *Close–Up*. Il cinema ha il meraviglioso potere di soddisfare il nostro desiderio di essere qualcun altro.

❁❁❁

C'è una scena in *Il sapore della ciliegia* ambientata al museo di storia naturale di Teheran. Badii guarda attraverso la finestra dentro una stanza dove gli studenti stanno sezionando delle quaglie. Li sentiamo parlare con il loro insegnante ma non vediamo nulla. Nessun bisturi o uccelli, nessun insegnante o studente. Tutto ciò che sentiamo sono rumori e frammenti di dialogo che ci permettono di visualizzare cosa sta succedendo. A volte vedere i piedi di qualcuno è la migliore indicazione del suo stato d'animo. Rumi consiglia a chi vuole vedere meglio di aprire gli occhi del proprio cuore.

❁❁❁

I film che contengono buone idee valgono sempre qualcosa, anche se non sono ben realizzati. Un'idea poco interessante è come un pezzo di vetro rotto o dell' acqua stagnante. Resta semplicemente immobile, senza offrire nulla.

❁❁❁

Dopo la proiezione di *Copia conforme*, qualcuno mi ha chiesto dell'uso dei riflessi nel film, delle finestre e degli specchi. Una domanda del genere fa partire la mia autocritica interiore. "Se avessi saputo che queste cose sarebbero state così evidenti," ho detto al pubblico, "ne avrei usate meno." Non inserisco simboli nei miei film di proposito. Un regista può usare un simbolo per trasmettere le sue intenzioni, ma perché non prendere in considerazione l'idea di attingere da un regno molto più ricco, dalla fonte stessa del simbolismo? La realtà è così traboccante, così avvincente, che sembra non avere molto senso rappresentare le cose allegoricamente. Basta puntare la fotocamera di fronte a sé, verso il mondo. C'è qualcosa di autoritario e rigido nel simbolismo, il creatore trasmette le sue intenzioni direttamente, insistendo affinché si consideri qualcosa in una certa maniera. Non ci lascia spazio per interpretare le cose da soli, per farle nostre. Per quanto riguarda quelle persone che sembrano trovare simboli in ogni angolo dei miei film, lasciamo che si godano la ricerca. Non fa male e talvolta mi insegna anche qualcosa.

❂❂❂

Idealmente, suono e immagine dovrebbero essere elementi separati. Come registi, considerateli indipendenti l'uno dall'altro. Proprio come un'immagine non dovrebbe aver bisogno di un suono per essere comprensibile, nemmeno il pubblico dovrebbe aver bisogno di un'immagine per comprendere un suono particolare. L'estetica del cinema affonda le sue radici nella separazione tra ciò che sentiamo e ciò che vediamo.

❂❂❂

Il suono può essere un meccanismo efficace per suggerire la presenza di cose che non vediamo, per dare a un'immagine una terza dimensione. Immaginate una scena in cui sentiamo il rumore di una motocicletta, poi il suo stridore, la sua frenata e uno schianto. Due donne arrivano sul luogo dell'incidente. La telecamera inquadra solo loro, con la motocicletta schiantata fuori dall'inquadratura, ma lo spettatore percepisce la gravità della situazione dalle loro reazioni. Ognuno di noi crea automaticamente un'immagine mentale di quanto appena accaduto in quell'angolo di strada. Quando il suono riempie ciò che non si vede, donando maggiore profondità all'immagine, il regista riesce a mostrare ancora meno. In un film ambientato in città il clacson di un'auto e il suono del metallo che colpisce il metallo seguito dalla reazione di un testimone sono tutte le informazioni di cui abbiamo bisogno. I suoni stimolano la mente galvanizzandoci, a volte in modo ingegnoso. In *Close-Up*, quando Sabzian si siede sull'autobus e firma il libro di Makhmalbaf come se lo avesse scritto lui sentiamo una sirena in sottofondo, suggerendo che qualcosa non va. Quando qualcuno viene arrestato in *Fellow Citizen*, sentiamo uno stormo di corvi, che per gli iraniani è portatore di cattive notizie.

Nel corso della nostra vita spesso consideriamo solo una dimensione, solo una faccia del cubo, ignari del fatto che ce ne sono altre cinque. Ma ascoltate attentamente. Alcune persone stanno parlando in fondo alla stanza. Ci sono macchine fuori. Le luci sopra di noi emettono un ronzìo. Dall'angolo arriva il ticchettìo di un orologio. Una donna batte il dito su una scrivania. Con cinque suoni posizionati al momento giusto, il pubblico ha cinque nuove e diverse opportunità per comprendere una scena. L'esperienza narrativa viene arricchita. Prima di andare a fare un film, dico scherzando al cameraman: "Usciremo per registrare dei suoni, ma portati anche la telecamera per fare qualche ripresa qua e là." Ho visitato una galleria a New York dove l'artista aveva sfruttato al massimo ogni centimetro di spazio espositivo, dove pareti, porte, soffitto e pavimento erano sapientemente collegati. Mi sentivo circondato da ogni parte dall'esperienza che aveva creato, da quell'ambiente completo che aveva costruito. È quello che spero di ottenere con i miei film. Punto la telecamera verso qualcosa e mostro al pubblico solo una faccia del cubo, una singola immagine all'interno dell'inquadratura, ma sfruttando le possibilità del cinema – del mezzo – posso fare in modo che il pubblico immagini le altre cinque.

❂❂❂

Ho partecipato al progetto *Lumière et Compagnie*, che prevedeva l'utilizzo della cinepresa Lumière originale, con bobine di durata inferiore al minuto e senza audio sincronizzato. Il mio contributo è stato un'unica inquadratura fissa di una padella piena di burro sfrigolante, poi un uovo aperto, seguito dalla padella – che ora contiene un uovo fritto – mentre viene rimossa dal fornello. Ciò che spinge il film oltre questa cena per uno è la colonna sonora, che descrive una relazione morente. Sentiamo una donna che lascia un messaggio su una segreteria telefonica. "Sono io," dice. "Ci sei? Pronto? Pronto? Ecco, io sono qui… non vado da nessuna parte. Ciao." Ho chiesto a Isabelle Huppert di chiamarmi a casa e di lasciare un messaggio nella mia segreteria telefonica.

❂❂❂

Da bambino passavo ore ad ascoltare la radio al buio, visualizzando ciò che ascoltavo. Ha davvero messo in moto la mia immaginazione. Sessant'anni dopo, posso ancora rivedere le cose che ho sentito alla radio. Un film che infiamma così tanto la nostra immaginazione è un'opera di vera creatività.

Ci vuole una certa audacia, anzi coraggio, per mettere del vuoto sullo schermo, per non mostrare nulla. Quel coraggio deriva dalla fiducia che ho nello spettatore.

Non esiste una chiave che io possa fornire al pubblico per aiutarlo a decifrare un film. E anche se esistesse una cosa del genere, negherei di conoscerla. Un senso di meraviglia, persino di confusione, è ciò a cui dovrebbe puntare il regista.

Potreste avere sfortuna quando realizzate un film, ma prestate attenzione, mantenete la mente aperta e siate flessibili. Potreste essere in grado di trasformare la sfortuna in un vantaggio. Renoir diceva che se una goccia di colore cade accidentalmente su una tela, non è detto che il dipinto sia rovinato. Crea invece una nuova composizione. Ricordo di aver trasformato una macchia accidentale su uno dei miei dipinti in una sedia. Oggi guardo quella tela e trovo che quella sedia sia una grande migliorìa. Errori e carenze possono avere un effetto positivo. La prima volta che ho presentato *Close-Up* è stato a Monaco. Il proiezionista ha sbagliato l'ordine dei rulli, anche se non ho detto niente perché ho visto che la sua versione accidentale era migliore della mia. Quando sono tornato a casa ho rimontato il film e ho spostato la scena dell'incontro sull'autobus – che originariamente era all'inizio del film – a metà del processo.

Trovo notevole la capacità di rispondere in modo creativo ai problemi, che si verificano molto spesso, non il virtuosismo tecnico. Hafez dice che gli eventi accidentali possono risultare ricchi di valore. Sfrutta al massimo il caso e l'imprevisto. Tieni a cuore il caso. Accetta l'accidentale.

La fotocamera è come una penna. Per diventare un buon calligrafo devi scrivere e scrivere. Se vuoi sviluppare un occhio, osserva e osserva, prendi una macchina fotografica. Mia nonna si sedeva sul sedile posteriore dell'auto e diceva: "Guarda quell'albero, quella collina, quella montagna." Mi stava mostrando cose inaspettate tra tutte quelle immagini e angoli. Aveva fatto le sue scelte e se le stava godendo. Mia nonna aveva la mente di una regista.

۞۞۞

Ciò che metto sulla pellicola non è importante quanto l'immagine che risiede al suo interno.

۞۞۞

Con la pellicola 35mm, il regista deve avere il controllo di tutto e intervenire costantemente per correggere ciò che non va. Ma grazie al video digitale possiamo mantenere le distanze mentre gli attori fanno ciò che ritengono necessario. La tecnologia digitale ha cambiato profondamente la natura del cinema. Ricordo che ero entusiasta delle nuove possibilità che offriva, come un pittore che ha scoperto un nuovo colore. Cento anni fa, i vestiti erano ricoperti di bottoni e lacci, ci volevano ore per vestirsi. L'idea di avere solo una maglietta e un paio di jeans era fuori discussione. Una rivoluzione simile a quella avvenuta nell'abbigliamento è avvenuta nel cinema.

I migliori scrittori sono probabilmente quelli che possiamo trovare cercando con la giusta attenzione, ma i migliori registi non sono necessariamente quelli che hanno mai realizzato un film. Fino a poco tempo fa, solo le persone con accesso ad attrezzature costose potevano realizzare delle pellicole. Oggi, queste piccole fotocamere digitali hanno liberato il cinema dalle grinfie del capitale, e raccontare una storia con immagini in movimento non è più un ostacolo così insormontabile. In passato, si sarebbe andati da un produttore all'altro, giurando che avremmo dimostrato di essere registi geniali se solo qualcuno ci avesse finanziato. Un autista di autobus potrebbe essere un grande regista, ma fino a poco tempo fa non aveva accesso alle attrezzature. La tecnologia digitale è un setaccio che filtrerà chi è veramente qualificato. Possiamo finalmente risolvere il problema di tutte le menti vaganti. Oggi queste persone non hanno scuse, proprio come voi non avete scuse questa settimana, con tutta questa attrezzatura davanti e queste risorse a disposizione. Non lasciatevi scappare questa opportunità. La candela brucia velocemente.

❁❁❁

Quarant'anni fa il mio metodo di fare cinema, quando giravo con pellicole da 16mm, non era molto diverso dal modo con cui faccio le cose oggi, quando potevo usare solo una piccola videocamera a mano. Tutti abbiamo il nostro modo di lavorare, il nostro approccio alla narrazione, indipendentemente dagli strumenti a disposizione.

❁❁❁

Ogni giorno nascono nuove possibilità tecniche per i registi. Ma non sentitevi obbligati a utilizzarle tutte.

❁❁❁

Ho sentito dire che i sollevatori di pesi non sono mai al culmine delle loro forze durante le gare a causa della pressione psicologica. Gli attori non professionisti, allo stesso modo, sono più a loro agio davanti a videocamere piccole e poco appariscenti, con solo una manciata di tecnici, senza il ciak intimidatorio che sembra una bocca di coccodrillo e tutti gli altri accessori di produzione. Li mette in agitazione, motivo per cui in tali circostanze la telecamera non riesce mai a catturare un vero riflesso della vita interiore di qualcuno. Avevo programmato una lunga carrellata per *Sotto gli ulivi*, ma gli attori erano a disagio con tutti quei membri della troupe intorno, quindi il cameraman ha messo un teleobiettivo sulla telecamera e tutti si sono allontanati di cinquanta metri. Più eravamo lontani, migliori diventavano le performance.

Ho fatto del mio meglio per neutralizzare la presenza della telecamera e della troupe, cercando anche modi più discreti per iniziare il lavoro piuttosto che gridare "Azione!" La comparsa della tecnologia digitale e le possibilità offerte da queste nuove fotocamere rappresentano un profondo cambiamento nel modo in cui possiamo realizzare film, e in una certa misura il mio desiderio si è avverato. Le fotocamere digitali, così leggere riducono al minimo la distanza tra me e gli attori. Il senso di intimità cresce più rapidamente quando non siamo circondati da apparecchiature invasive e folle di persone. Questa nuova tecnologia consente una vera libertà di azione e ha creato possibilità che si adattano al mio stile di lavoro. Per anni ho considerato la videocamera solo come qualcosa con cui prendere appunti, ma quando ho iniziato a usarla più seriamente ho capito il suo potenziale, soprattutto che potessi finalmente rendere giustizia alla realtà. Sembra che io abbia sprecato anni della mia vita a filmare in 35mm. Qualcuno pregò l'Onnipotente di mostrare le cose come realmente sono. E Dio ha creato la fotocamera digitale.

❁❁❁

La videocamera ci riporta alle origini del cinema per la libertà che offre. Possiamo andare in strada praticamente senza risorse – solo un po' di attrezzatura e un attore – e fare un film. Lasciate le grandi produzioni ai grandi produttori, mentre voi potete occuparvi di progetti poco costosi e più intimi. Viviamo in un mondo in cui i sistemi mediatici modellano invasivamente i nostri gusti e le nostre preferenze, ma questa settimana voglio che lavoriate per esprimere

voi stessi attraverso i mezzi più semplici, utilizzando strutture quanto più lontane possibile da quelle del capitale e del mainstream.

۞۞۞

Qualche anno fa sono uscito con un amico per scattare delle foto. La sua macchina fotografica era digitale, la mia analogica. Ho passato molto tempo a guardare e osservare. Alzavo la macchina fotografica davanti agli occhi, alzandomi e muovendomi da sinistra a destra, regolando la messa a fuoco, poi decidevo di non scattare. Alla fine del nostro viaggio avevo scattato nove foto, mentre il mio amico ne aveva quasi duecento. Ne ho tenute due per una raccolta, lui una sola. Il pericolo del digitale è che una buona fotografia ha maggiori probabilità di essere accidentale. Se dovessi pagare per ogni immagine che riprendi, ci sarebbero film migliori là fuori.

۞۞۞

Quando utilizzate la tecnologia digitale, se decidete di fare quella scelta – e per una buona ragione – non paragonate la qualità dell'immagine a nient'altro. Apprezzatela per quello che è. La differenza tra 35mm e digitale è la differenza tra olio e acquerello. Non vanno paragonati. Ognuno di essi ha le sue "regole." Puoi fare cose diverse con ciascuno. Con i film che realizzerete questa settimana, pensate in digitale dal momento in cui concepite la vostra idea. Create qualcosa che potrebbe essere realizzato solo tramite riprese con una fotocamera piccola e intima. *Dieci* è un film con la sua estetica, perché è stato realizzato interamente in un'auto con due fotocamere digitali. Realizzarlo in 35mm sarebbe stato come chiedere a un lottatore di correre i cento metri. Se posso fare un film in 35mm, se la storia può sostenerlo, se sento che gli attori possono gestirlo, userò i 35mm. Per questo workshop i nostri strumenti sono digitali. Come si dice in persiano: "Se non riesci ad avvicinarti alla padrona di casa, opta per il servo." La macchina fotografica è un osservatore fedele e imparziale delle gioie e delle miserie di chi si trova davanti ad essa. Nei prossimi giorni dimostriamolo con queste macchine digitali.

۞۞۞

I miei film hanno un pubblico affezionato, persone estranee al mondo del cinema commerciale. Troppi film lasciano il pubblico insoddisfatto, il che significa che altri tipi di cinema hanno l'opportunità di conquistarlo. Il prodotto tradizionale hollywoodiano si sta muovendo in una direzione diversa da quella per cui il cinema è stato concepito. Il ben noto segreto dietro il successo mondiale del cinema americano è che gran parte di esso si propone deliberatamente di spaventare, divertire o ridurre il pubblico alle lacrime o alle risate. Con la sua causa ed effetto invariabile, è privo di ogni sottigliezza o incertezza. Ciò che questo tipo di cinema in genere non fa è chiedere al pubblico di pensare. Nel lungo periodo, la presenza del cinema americano nel mondo potrebbe essere più influente della sua potenza militare.

❁❁❁

Ogni volta che guadagno un membro del pubblico, ne perdo un altro. Finché continuerò a lavorare, la dimensione del mio pubblico sarà relativamente piccola. I miei film non vengono visti nemmeno dalla più piccola percentuale di spettatori in Iran. I distributori non si fidano e non rischiano mai nulla per assicurarsi che siano visti, è praticamente una profezia che si autoavvera. Lavoro in modo indipendente, seguendo sempre la mia strada. Non mi sono mai dovuto preoccupare di attirare gli spettatori perché realizzare i miei film costa pochissimo. Se un mio film non fa fortuna al botteghino, posso comunque farne un altro. Produrre dieci secondi di *Star Wars* è costato quanto un mio film intero. Il denaro non ha mai influenzato la realizzazione delle mie idee.

L'importante è avere il coraggio di sperimentare e rischiare senza lasciarsi intimidire dal fatto che solo poche persone potrebbero vederne il risultato. Svolgi il tuo lavoro senza aspettative oltre la soddisfazione personale. Un amico mi ha detto che mentre altri coltivano ettari di terreno, io coltivo ortaggi nei vasi. Quando si tratta di fare cinema, la mancanza di libertà spesso aumenta quando aumentano le risorse finanziarie disponibili. Il denaro diventa un peso.

❁❁❁

Il pubblico evita i film in proporzione diretta alla loro originalità.

❁❁❁

Avere un occhio su Hollywood mi mantiene orientato. Mi chiedo, dopo questo tipo di esperienze da spettatore: cosa mi è rimasto del tempo che ho speso?

❁ ❁ ❁

Avere una macchina fotografica in mano è un invito a fermarsi a guardare, a concentrarsi su ciò che ci circonda. La macchina fotografica mi spinge a prestare attenzione.

❁ ❁ ❁

Come pubblico, abbiamo bisogno di serenità, di tregua, di quei momenti in cui possiamo respirare profondamente. Le cose devono rallentare. Il film roboante – realizzato da tecnici e burocrati, non da narratori – un giorno si autodistruggerà. Non appena un film cerca di avere un impatto su di me, mi tiro indietro.

❁ ❁ ❁

La materia prima di un artista deriva da ciò che trova intorno a sé. Per me gli esseri umani, gli individui, sono gli elementi più importanti in un film. Come registi, avete più responsabilità nei loro confronti che nei confronti di tutta l'attrezzatura che è stata messa a vostra disposizione.

❁ ❁ ❁

Per creare opere universali, basatevi sulla vostra cultura. Imparatela da cima a fondo. Imparate a conoscere i posti, le idee e le persone, ciò che amano e odiano. Alcuni registi vogliono viaggiare per il mondo per avere più conoscenza, ma possono trovare ciò che cercano all'interno della propria comunità. Familiarizzate con tutto ciò che vi circonda e le vostre opere diventeranno universali. Come ha scritto Sohrab "Non conta dove io sia, il cielo mi appartiene." La poesia può trovarsi anche nel quotidiano. Basta aprire gli occhi. Tutti pensano di essere diversi dagli altri, l'unicità ci attrae, ma questo è esattamente ciò che abbiamo in comune. Se qualcosa mi interessa e decido di metterla in un film, c'è la possibilità che qualcun altro trovi che la cosa sia consequenziale. Il narratore beve da una fonte condivisa.

❁ ❁ ❁

Piuttosto che enfatizzare le differenze, cerco le somiglianze e le universalità in ogni persona, le esperienze condivise. Alcune persone conducono vite eccezionali, diverse dalle nostre, e alcuni registi sono perennemente alla ricerca di personaggi del genere. Io vado nella direzione opposta. Cerco vite ordinarie in momenti eccezionali.

۞۞۞

Si possono trovare verità sulla politica nei film che non sono dichiaratamente politici, che non pretendono di esserlo. I film poetici che si occupano dei problemi umani possono essere politici. Semplicemente non accusano nessuno.

۞۞۞

Sono iraniano. Ho vissuto tutta la vita in Iran. Sono influenzato da qualunque cosa accada intorno a me ed è il governo iraniano che mi fornisce un passaporto. Ma non voglio che il mio lavoro abbia un passaporto iraniano. In patria mi accusano di fare film per i festival stranieri. Ma io li faccio per tutti gli esseri umani.

Anche con una scansione a raggi X non è possibile stabilire il credo o la razza di qualcuno. Le persone di ogni nazione del mondo – a parte le differenze nell'aspetto, di religione, linguistiche e nello stile di vita – hanno molto in comune. I nostri schemi mentali sono identici. Il nostro sangue circola nello stesso modo, il nostro sistema nervoso e i nostri occhi sono gli stessi.

Ridiamo e piangiamo nello stesso momento, soffriamo per lo stesso dolore. Il mio mal di denti non è diverso da quello di un americano o di un francese. Viviamo le stesse emozioni, gli stessi slanci d'amore. La sofferenza umana è condivisa da tutti, e il concetto di un mondo senza oppressori né oppressi è universale. Quando guardiamo fuori dalla finestra o camminiamo nella natura, il cielo blu e i bellissimi silenzi sono gli stessi. Andate oltre le differenze politiche e culturali per capire che la tragedia ha lo stesso significato per tutti. I personaggi in molti dei miei film parlano persiano ma non hanno una nazionalità specifica, questo permette ad ogni spettatore di immedesimarsi con essi.

Non ho mai incontrato spettatori che amassero o disprezzassero del tutto il mio lavoro. I miei film sono comprensibili a tutti. Il cinema che resiste al tempo è quello che tratta delle somiglianze che ci sono tra ognuno di noi. Un grande film non ha una nazionalità precisa. È un peccato che i cittadini di ogni nazione siano rappresentati dai loro governi. Qualche anno fa una squadra americana di wrestling è venuta in Iran per un torneo, restando meravigliata dall'accoglienza ricevuta: i venditori

nei bazaar non accettavano i loro soldi in cambio della merce, anzi insistevano nel fargli dei regali. Quando gli iraniani persero un incontro applaudirono i loro avversarsi americani. Questi, colti di sorpresa, furono così commossi da sfilare per lo stadio con una bandiera iraniana. Come lo sport, , il cinema aiuta a rivelare la verità dietro i titoli di giornale. I governi costruiscono barriere, gli artisti le eliminano.

Il cinema non è mai stato il posto ideale per diffondere dei messaggi. Non ha il potere di indurre un cambiamento radicale nella società. I registi si comportano come bambini con dei giocattoli. Possono passare ore intere a reinventare il loro mondo, ma poi arriva il momento in cui entra un adulto e gli dice di lavarsi le mani e prepararsi per cena. Non voglio parlare di politica o di cinema politico con voi, ma lasciatemi dire soltanto che un film davvero influente può rivelare cose che prima risultavano incomprensibili. Se non posso cambiare il destino di qualcuno con una storia di novanta minuti forse quella persona potrà almeno pensare a nuove idee, o provare delle sensazioni sconosciute mentre legge una poesia che ho scritto. Un pezzo di legno viene schiacciato a terra quando una farfalla si poggia su di esso? Tutto, a prescindere dalle dimensioni, ha il potenziale di creare un effetto.

L'emergere del cinema iraniano nel panorama internazionale è stata un'occasione per molti di arrivare a nuove consapevolezze. Ha portato una nuova e inaspettata concezione dell'Iran. L'occidente ha scoperto un modo diverso di fare cinema e i film iraniani hanno cominciato ad essere proiettati a New York, Londra e Parigi. Questa visibilità ha aumentato la fiducia nel nostro cinema e ha permesso un allentamento della censura. Il cinema iraniano è sempre stato molto più energico di quanto il governo volesse far vedere. L'arte prospera nei periodi di difficoltà: come se fosse un meccanismo di difesa. Il cinema ha una vita a sé stante. Può essere controllato, fino a un certo punto, ma mai represso.

۞۞۞

L'arte non impone le proprie idee. Anzi ci consente di trarre le nostre. La poesia sarà sempre più forte di qualunque slogan.

۞۞۞

I giornalisti riordinano i fatti avvenuti in giornata fino alla mezzanotte, poi scrivono un articolo che arriva sul mio tavolo la mattina dopo. Il loro lavoro, spesso sensazionalistico e superficiale, è pieno di fraintendimenti e ha inevitabilmente una data di scadenza. Gli interessi di un artista sono universali e sempiterni. Egli guarda oltre l'effimero, rielaborando gli eventi anche per anni prima di riversarli in un'opera. Riesce a donare un significato a qualunque cosa. La buona poesia è sempre rilevante, prescinde il tempo e lo spazio. *Ladri di biciclette*, il film del 1948 di De Sica, ha un focus specifico: le politiche dell'Italia del dopoguerra. Nonostante questo ha un valore universale, riguarda ognuno di noi. De Sica e il suo sceneggiatore Cesare Zavattini si rendevano conto che ogni società, in ogni angolo del pianeta, condivide le stesse gioie e gli stessi dolori. Hanno studiato l'ambiente intorno a loro per creare un'opera in grado di essere valida per generazioni. Come ogni espressione poetica genuina, *Ladri di Biciclette* è imperituro. Un film fondato su un'ideologia sarà portato a scomparire quando le idee politiche su cui basa vengono superate, e la storia ci insegna che questo prima o poi succede.

❁❁❁

Arte e politica si completano a vicenda. Quando uno non funziona più, subentra l'altro.

❁❁❁

Siate ricettivi questa settimana e non solo imparerete qualcosa di nuovo, ma insegnerete anche alla persona che vi sta a fianco.

❁❁❁

Lavorare con delle restrizioni può essere entusiasmante. Queste cose possono essere sorprendentemente liberatorie poiché siamo costretti a imparare come evadere ed eludere. Le barriere ci costringono a reagire ad esse e a superarle, proprio come un flusso d'acqua cambia direzione quando viene bloccato. Ci aiutano a definire noi stessi e il nostro lavoro, ad affinare il nostro potere mistificante, a disarmare ciò che ci controlla. Un mio amico architetto mi ha detto che quando è obbligato a rispettare le regole di costruzione, e progetta un edificio per un terreno di forma irregolare, il suo lavoro è più innovativo rispetto a quando ha completa libertà. Ricordo la lezione di scrittura a scuola. Quando non c'erano limitazioni al nostro lavoro, quando non c'erano regole a cui eravamo obbligati a piegarci in modo creativo, pochi di noi producevano qualcosa di interessante. Ma una volta imposta una restrizione – dover scrivere su qualcosa di specifico, o in uno stile particolare – tutti tiravano fuori qualcosa di utile. I vincoli delle molte forme poetiche rigorose che esistono offrono sfide elettrizzanti, e il verso che ne risulta spesso ha sfumature che il poeta stesso non sapeva di poter creare.

Le persone, immaginarie o meno, che oltrepassano i confini ci rendono un servizio. Fanno sapere a tutti che i limiti esistenti sono troppo restrittivi, che abbiamo bisogno di più spazio in cui muoverci. Qualcuno una volta mi ha detto che i miei film sono pieni di persone che esplorano gli estremi delle loro ossessioni e fanno tutto il possibile per aggirare le regole su cui è costruita la società. Non posso dire di essere mai stato consapevole di questo aspetto delle storie che racconto, anche se non mi sorprende poi tanto. Poche leggi sono abbastanza importanti da essere universalmente rispettate. Sono fatte per essere infrante, e io mi immedesimo in chi vuole oltrepassarle, andare oltre un certo campo d'azione, aggirare le norme e le restrizioni che ci costringono. Quello che mi piace delle regole è che stimolano l'immaginazione.

In un workshop a Torino, i partecipanti hanno iniziato a realizzare film il primo giorno. Erano lavori audaci ma sconnessi. Il secondo giorno il gruppo si è imposto un limite: la telecamera non doveva lasciare l'edificio. Si creò immediatamente una nuova atmosfera. Tutti si guardavano l'un l'altro, oltre all'ambiente circostante, con occhi nuovi. Bastava gettare uno sguardo fuori dalla finestra per trovare qualcosa di interessante, oppure osservare cosa stavamo facendo proprio lì, nella stanza, in quel preciso momento. Al terzo giorno c'era una telecamera in ogni angolo. La limitazione che ci siamo imposti ha portato a un pensiero innovativo. Le cosiddette regole del cinema sono utili solo nella misura in cui ci limitano e ci spingono a esplorare nuove direzioni. Considerate questo quando girate il vostro film: dopo aver bussato a una porta, avete solo dieci parole prima che chi risponde la chiuda sbattendola.

Viviamo entro certi limiti, ma chiunque voglia davvero fare un film lo farà, non importa quali restrizioni esistano, non importa quanto sia difficile la situazione. Questo vale per i registi di tutto il mondo, non solo in Iran. A casa non discutiamo mai delle leggi che ci vincolano, delle norme e dei regolamenti in base ai quali viviamo, probabilmente perché sappiamo come aggirarli. Il mio lavoro come regista è stato influenzato dalle direzioni in cui non sono riuscito a muovermi. Le difficoltà affrontate dai cineasti iraniani dopo la rivoluzione hanno spinto il cinema in direzioni diverse rispetto a quelle intraprese prima del 1979. Durante i primi anni della rivoluzione regnava il caos perché nessuno sapeva nemmeno quali fossero le regole. Oggi sono fin troppo consapevole delle limitazioni imposte dal regime e di ciò che non mi è permesso mostrare.

I confini all'interno dei quali opero forniscono una sorta di libertà di azione ed energia, proprio come fanno per tutti coloro che in Iran riescono a esistere nonostante tutto. Per superare la censura, tutto ciò che devi fare è pensare attentamente a ciò che vuoi mettere in luce, quindi escogitare un nuovo modo di mostrarlo. Non è diverso dalle donne che per le strade di Teheran trovano il modo di lasciare libera una ciocca di capelli. Qualcosa fuoriesce sempre dal loro hijab. Ogni regista che lavora in Iran ha trovato il proprio modo di esprimersi, a prescindere dall'ombra della censura. Si potrebbe anche sostenere che la creatività aumenti nelle circostanze sfavorevoli, che un artista è qualcuno in grado di convertire i vincoli in qualcosa di creativo. Come scrive Hafez, "Solo ciò che ci ha intrappolato può liberarci."

L'obbligo del velo per le donne sullo schermo ha avuto un impatto sulla produzione cinematografica in Iran perché poche donne indossano l'hijab in privato. Mostrare una donna malata a casa con la febbre ma ancora coperta a causa di norme religiose obbligatorie, ad esempio, sarebbe assurdo quanto fare un'iniezione a qualcuno attraverso un paio di pantaloni. C'è un divario tra la realtà e il fatto che certe cose sono proibite quando si parla di cinema, ecco perché nei miei film mostro le donne solo in pubblico, e spesso in macchina, dove sono obbligate a portare il velo.

* * *

Un film interessante contiene cose che il censore non è sicuro se rimuovere.

* * *

La rivoluzione non ha cambiato quello che ho fatto. Non sono uno di quei registi che nel suo lavoro segue le mode del momento. Nel lavoro dei veri registi iraniani si vedono le stesse idee, le stesse preoccupazioni e convinzioni, sia prima che dopo il 1979. Il cinema che creo è personale. In esso c'è unità e coerenza.

Le auto sono come i cavalli, solo più pazienti. Mi permettono di entrare in contatto con le persone lungo la strada. Tutto quello che devo fare è abbassare il finestrino e chiedere indicazioni. Mi piace guidare e se non fossi stato un regista avrei potuto diventare un camionista. Spesso do un passaggio agli autostoppisti che finiscono per raccontarmi cose che non oserebbero dire alle loro mogli. Allacciare la cintura di sicurezza può essere come sdraiarsi sul lettino di uno psichiatra. Mi piacciono questo tipo di incontri fugaci, il fatto che dopo una conversazione di un'ora io e il mio passeggero potremmo non vederci mai più. La mia vita interiore è più intensa in macchina che a casa. Nel mio soggiorno, raramente ho tempo di fermarmi, ma appena salgo in macchina sono costretto a restare inerte. Un ingorgo offre tempo per pensare. Non ci sono disordini, né telefoni, né visitatori inaspettati. C'è una bellissima quiete.

Un'auto offre un senso di sicurezza. È il posto migliore che conosco per guardare e riflettere, per facilitare conversazioni infinite e il dialogo interiore continuo che ho con me stesso. Un'amica mi ha detto che lei e suo marito hanno le discussioni più importanti mentre guidano perché nessuno dei due può nascondersi. Mi sento più a mio agio seduto accanto a qualcuno, senza il peso di uno sguardo dall'altra parte del tavolo. Quando ti siedi con qualcuno in macchina, fianco a fianco, con una visione condivisa del mondo, ti senti quasi sempre a tuo agio a prescindere che tu conosca o meno quella persona. I silenzi in macchina non sembrano mai pesare. Nessuno si aspetta che tu risponda istantaneamente alle domande poste in macchina. C'è tempo per riflettere prima di rispondere. Questo spazio intimo è una casa, una location per le riprese e un ufficio. Posso portare a termine i lavori stando al posto di guida, guardando attraverso il parabrezza, perché trasmette continuamente immagini. Un minuto prima si vede la campagna lussureggiante, pochi minuti dopo compaiono i sobborghi solitari e alla fine si rivela la città minacciosa. È una carrellata permanente, con specchi, come piccoli televisori su entrambi i lati.

Forse il mio affetto per le auto è in realtà amore per le strade. L'idea del viaggio, spostarsi da un punto all'altro è importante nella cultura iraniana. La strada è espressione dell'uomo in cerca di provviste, dell'animo irrequieto, dell'esplorazione senza fine.

Sono in grado di dire se un film mi piace oppure no, ma non mi è facile andare più a fondo e spiegarne le ragioni.

***

Nei giorni in cui non stai girando un film, non sei un regista.

***

Viaggiare in macchina è diverso dal viaggiare in aereo. Quando si sale su un aereo si ha sempre una destinazione precisa e, naturalmente, non si viaggia quasi mai da soli. Al contrario di un'auto, che mi permette di scappare da qualunque cosa (comprese le altre persone), ed esplorare fuori dalla città, dove la natura porta con sé l'occasione di nuovi percorsi e deviazioni. Il mio punto di partenza di solito è Teheran. Il punto finale è lo spazio aperto, accogliente più di qualunque altra cosa, un mondo di infinite destinazioni inaspettate e sconosciute, un ambiente che non mi chiede nulla, ma che offre tutto. Mi avventuro senza sapere dove potrei dormire, cosa ci potrebbe essere da mangiare. Mi muovo, guardo ed esploro, con la macchina fotografica in mano. Esco di casa senza aver pianificato nulla, sapendo che potrebbero passare giorni prima che io torni, e ore dopo trovo un piccolo villaggio dove incontro una famiglia che non ho mai incontrato e quasi sicuramente non rivedrò mai più. Mi accolgono, mi danno da mangiare, mi offrono un letto per la notte, e al mattino, prima di fare colazione con mamma e papà e i tre bambini, apro la finestra della mia camera da letto e vedo davanti a me una valle, una serie di maestose montagne innevate. in lontananza cime incappucciate, e a pochi passi dalla casa un unico albero, eterno, con i rami spezzati, che si erge in mezzo al candore avvolto nel buio. Le delizie della casualità. Il valore dell'improvvisazione. Gioia infinita.

***

La mia macchina mi è stata fedele, paziente come un cavallo. Me ne prendo cura come farei con un animale.

***

Il modo migliore di imparare è scrivere una scena e poi filmarla ancora e ancora, così il vostro lavoro conterrà sempre meno errori.

Apporterete un livello crescente di abilità a ciascuna versione e anche al vostro prossimo progetto. È l'evoluzione della tecnica.

❂❂❂

Entro la fine della giornata, voglio che tutti voi abbiate almeno un'idea per il film che girerete questa settimana. In un workshop precedente un partecipante ha realizzato tre film in due giorni. Aveva idee lodevoli e un livello amatoriale, ma tutto sommato era competente. Anche se non aveva riflettuto a fondo, ciò che apprezzavo di lui era che non annunciava mai: "Vado fuori a fare tre film." È semplicemente comparso una mattina e li ha proiettati. Non si è mai lamentato del fatto che non riusciva a trovare una location o del fatto che uno dei suoi attori non si fosse presentato o che non avesse assolutamente esperienza con l'attrezzatura che stava usando.

Nel corso degli anni ho conosciuto partecipanti a questi incontri che sono terrorizzati all'idea di mettersi al lavoro perché pensano che qualunque cosa in cui mettono il loro nome debba essere un capolavoro. Per come la vedo, dovrebbero allontanarsi da questo pensiero e considerare invece di fare una serie di tentativi autonomi, anche di qualità media: sarebbe un esercizio utile. Non bisogna pensare di fare film talmente validi da essere proiettati ai festival. Concentrate la vostra attenzione sul creare una manciata di piccoli film onesti di cinque minuti ciascuno, piuttosto che una sola grande opera. Tutto è permesso, ma sono sufficienti cortometraggi girati e montati lo stesso giorno. Non posso dire che tutti i film realizzati durante i workshop precedenti siano stati buoni, ma era importante che fossero realizzati. Forse ognuno di essi è stato un trampolino di lancio verso un'idea più forte e un film migliore. Se non avete gli strumenti per realizzare grandi film, realizzatene di piccoli. Stiamo tutti aspettando che arrivi un produttore dalla mentalità aperta e finanzi il nostro prezioso progetto. Fino ad allora, continuate a sperimentare.

Per un corto, hai bisogno di una sola idea. Il mio film *The Chorus* dura sette minuti e si basa sul semplice concetto che un uomo non può sentire cosa sta succedendo a meno che non indossi un apparecchio acustico. Non complicate le cose. Non perdete un secondo. Venite al punto. Seduti qui, circondati dai vostri colleghi, non dovreste impiegare più di cinque minuti per spiegare un film di cinque minuti. Considerate il nostro lavoro qui insieme come semplici esercizi di riscaldamento. Esplorate la vostra mente per vedere quali ricordi vi suggerisce, poi tornate domani per sviluppare le vostre idee. Ciò che emerge in superficie potrebbe non essere troppo importante, ma da qualche parte dobbiamo iniziare. Non c'è niente di sbagliato nell'uscire da questa stanza adesso con una telecamera ma senza un'idea già formata. Un esercizio è come un pezzo di carta. Puoi lavorarci sopra e imparare da esso, poi buttarlo via e andare avanti. Le risposte sono utili solo perché portano a nuove domande. Il cinema è in uno stato di evoluzione permanente. Sarà per sempre una ricerca, un viaggio. Ogni film è la tappa di un viaggio.

Ho pensato a quale idea potrebbe collegare i vostri film e se dovrebbero essere imposte limitazioni al vostro lavoro qui questa settimana. In un workshop precedente ogni partecipante ha realizzato film che coinvolgevano un taxi, in un altro era un telefono cellulare e in un altro ogni film era ispirato allo sceneggiatore italiano Cesare Zavattini, che credeva che bastasse guardare il mondo che ci circonda per essere ispirati. Secondo Zavattini chiunque può essere il personaggio di una storia. La gente per strada è tutto ciò che serve per fare cento film. Basandosi su questo, i partecipanti al workshop sono andati fuori e hanno incontrato dei perfetti sconosciuti, con l'idea che posizionando la telecamera in mezzo a una folla la prima persona che ci passava di fronte poteva essere il soggetto perfetto per un film. In un workshop svoltosi a Teheran non molto tempo fa, avevamo una sola telecamera, piazzata in un corridoio. Tutti la usavano a turno, fermando la prima persona che passava, il che significava che tutti sullo schermo erano un contatto diretto con la vita reale. Ho potuto vedere i partecipanti esercitare tutta la loro creatività per trasformare le circostanze che il destino gli aveva riservato in film intriganti e godibili. Mi ricorda i prigionieri che nonostante utilizzino coltelli di plastica e pezzi di pasta per realizzare sculture, riescono a creare qualcosa di valido.

Per quanto riguarda le limitazioni autoimposte per questa settimana, ho sempre pensato che un ascensore sarebbe stata una buona location per un film. C'è un grande potenziale sia per il dramma che per la poesia quando si tratta di storie ambientate dentro e vicino agli ascensori. All'interno di questa stanza chiusa lo spazio è limitato e presumibilmente un film ambientato in un ascensore deve avere una durata limitata. Gli ascensori fanno rumore, alcuni hanno un'illuminazione interessante, alcuni sono macchinari decorati, spesso c'è musica e oggigiorno hanno schermi che mostrano informazioni, notizie e pubblicità. Ne esistono di diversi tipi: pubblici o privati, per passeggeri o merci pesanti, puliti o sporchi, specchi su ogni parete o nessuno. Alcuni hanno porte che si aprono, con sorpresa di tutti, su entrambi i lati. Alcuni sono così piccoli che riescono a malapena a entrare tre persone, altri sono abbastanza grandi da poter trasportare automobili su e giù per gli edifici. Gli ascensori più vecchi hanno bisogno di qualcuno che li gestisca, magari un anziano signore distinto che ha passato la vita viaggiando avanti e indietro, premendo pulsanti e tirando leve. Alcuni sfrecciano attraverso edifici decrepiti di soli tre o quattro piani, altri volano a velocità sorprendente su e giù per moderni grattacieli di metallo. Alcuni sono altamente tecnologici e silenziosi, altri fanno molto rumore. Le persone salgono e scendono continuamente, è un buon modo per introdurre ed eliminare i personaggi. Personalmente mi sento nudo e vulnerabile ogni volta che sono costretto a stare accanto a persone che non conosco in ascensore, come rompere al meglio quel silenzio imbarazzante? Gli ascensori sono inevitabilmente ciò che incontriamo nel percorso da e verso luoghi e persone, il che gli conferisce una componente metaforica. Potremmo anche realizzare un film d'azione in un ascensore introducendo un assassino al piano terra e un eroe al piano superiore. Molti di voi probabilmente sono già stati in ascensore oggi. Sono ambienti che tutti comprendiamo immediatamente, quindi iniziate a considerare le circostanze che potrebbero portarvi a utilizzare queste macchine, vedrete che le storie e i personaggi si formeranno.

Immaginate una giovane coppia. Lui le fa una proposta di matrimonio e le chiede di rispondere prima che raggiungano l'ultimo piano, quindi lei preme tutti i pulsanti per prendersi più tempo possibile. Il movimento delle ante che si aprono e si chiudono può mostrare il passare del tempo e creare elegantemente un senso di suspense. Quanto durerà questo viaggio? Risponderà al momento giusto? Sarà la risposta che si aspetta? Un altro scenario: immagina un bambino di due anni in ascensore. Le porte si aprono e lui è diventato un bambino di dieci anni. Man mano che l'ascensore sale lungo l'edificio, lui invecchia, finché, all'ultimo piano, è un vecchio con le spalle curve. E, naturalmente, viaggiare in ascensore significa trovarsi a stretto contatto con altre persone, cosa che richiede una certa etichetta, il che potrebbe servire come espediente narrativo. Un ascensore potrebbe essere lo scenario di una serie di sketch e piccoli drammi. Le possibilità sono infinite. È una scatola magica per le storie, quindi iniziate a pensare di creare storie collegate agli ascensori. Se non vi piace questa restrizione, pensate a una location diversa o a un tema visivo attorno al quale tutti possiamo modellare le nostre idee. Ma fatelo velocemente. Questo è un workshop, quindi facciamo un po' di lavoro. Non sprecate il vostro tempo qui. L'unica colpa è l'inattività. Andate avanti e non fate troppe domande. Il lavoro vi guiderà. Saadi dice che è meglio camminare nel deserto senza meta piuttosto che sedersi a guardare. Rumi scrive che lavorare duro senza risultato è preferibile al dormire.

"La cosa interessante," dice Elisa, "è che ci sono evidenti somiglianze tra automobili e ascensori."

Non ci avevo mai pensato. Sì, un ascensore è una macchina verticale.

"Ho letto tantissime storie di studenti ambientati negli ascensori," dice Benjamin, un insegnante. "È una metafora conveniente, questa idea di viaggio, con l'apertura di una porta e il viaggiatore che esce verso un'avventura. Ma la maggior parte delle volte non funziona." Preoccupazioni simili sono espresse da altri partecipanti. Gli ascensori non sono troppo stretti? Porsi dei limiti può essere utile, ma ambientare ogni film nello stesso posto sembra un impedimento eccessivo. Insistere su un luogo fisico può essere problematico rispetto ad una circoscrizione tematica o concettuale. "Un tema può sempre essere interpretato per adattarlo alle storie che vogliamo raccontare," dice Julietta, "ma dover girare in un luogo particolare ci blocca."

Non sono d'accordo. Già non riesco a smettere di pensare alle storie ambientate negli ascensori. Per esempio, qualcuno vuole arrivare al decimo piano. Preme il pulsante e non succede nulla, quindi sale a piedi fino all' ultimo piano, solo per scoprire che una giovane coppia teneva bloccate le portine dell'ascensore per usarlo come stanza privata. Oppure: una nonna che vive in campagna decide di recarsi in città, carica di doni per suo figlio, che vive all'ottavo piano di un enorme palazzo. Non è mai stata in un ascensore prima. Preme il pulsante e le porte si aprono, ma non sa se entrare. Mentre timidamente comincia ad entrare, le porte si chiudono. Questo la offende un po', ma soprattutto la spaventa, quindi decide di andare a piedi. Ad ogni piano, stanca per aver portato con sé tutti quei doni, si chiede se dovrebbe entrare nell'ascensore. Al quinto piano le porte dell'ascensore si aprono per un attimo e vede all'interno una giovane coppia. Si stanno baciando. Sale altre rampe di scale. Alla fine, esausta, non ha altra scelta che premere il pulsante e aspettare. Un uomo cammina lungo il corridoio e si ferma accanto a lei. Dietro di loro vediamo un cartello che dice "Ottavo piano." La donna non si rende conto che in realtà è dove voleva essere. Arriva l'ascensore ed entrano entrambi, ma lei preme il pulsante sbagliato e invece di salire, come dovrebbe, l'ascensore la riporta al piano terra. Esce dall'ascensore con i suoi pacchi e si guarda intorno confusa. È una commedia. Ricordate quel cortometraggio di Stanlio e Ollio con il pianoforte? Forse qualcuno di voi realizzerà film pensati per strappare un sorriso.

Un finale interessante per ogni storia, che contiene qualche momento drammatico, va sempre bene. Stiamo lavorando insieme, quindi se avete un buon inizio per una storia ma non una fine, o c'è un'immagine nella vostra mente che vi intriga ma non sapete cosa farne, forse possiamo lavorarci insieme. È impossibile che ognuno di voi non abbia in sé almeno una storia su un ascensore. Ecco un'altra idea. Un bambino entra in ascensore portando con sé un elenco telefonico. Lo poggia per terra e ci si mette sopra così da poter raggiungere il pulsante per il terzo piano. Scende al terzo piano e trova un'altra rubrica telefonica appena fuori dalla porta. La prende, la poggia a terra così da poter raggiungere il pulsante del quarto piano. E così via, fino ad arrivare all'ultimo piano.

Sarah racconta di essere stata nel lento ascensore di un palazzo e di aver sentito delle persone che litigavano in uno dei piani sottostanti. "Le porte si aprirono e appena si accorsero di me smisero di discutere ed entrarono. Quando fummo arrivati al piano terra e le porte si aprirono, uscirono e ricominciarono subito a litigare."

Niente male, sicuramente è qualcosa su cui possiamo lavorare. Perché le persone sono così educate negli ascensori?

"La vicinanza. Si è fianco a fianco con perfetti sconosciuti," afferma Daniel.

"In Grecia, Italia e in altri posti le persone negli ascensori parlano sempre tra loro," dice Elena. "Solo gli inglesi sono così riservati con gli sconosciuti."

Che ne dite degli ascensori parlanti, quelli che ti dicono a che piano ti trovi? E oggigiorno alcuni ascensori hanno delle telecamere. Raramente sei solo quando viaggi su e giù per un edificio. Questi sono spazi minuscoli, ma le loro immagini vengono trasmesse a una squadra di guardie di sicurezza nel seminterrato, forse anche più lontano. Che ne dici di un momento in un ascensore che supera il limite di peso perché ci sono troppi passeggeri? Qualcuno conta il numero di persone e annuncia che tre devono uscire. Ma chi? Una vecchietta si offre volontaria, ma pesa così poco che non fa differenza. Non ho una fine per questa storia. Dovrete inventarvene una. E considerate un film su un ascensore che non sia ambientato interamente in un ascensore. Cosa potrebbe essere? Pensate ad uno scenario che coinvolga una famiglia che vive al piano terra di un grattacielo e per questo motivo non è tenuta a pagare alcuna somma per la manutenzione dell'ascensore. Ma i loro figli finiscono per usare l'ascensore più di chiunque altro perché ci giocano tutto il giorno. Certamente questa situazione diventerà fonte di conflitto tra i condomini.

"Vivo al decimo piano di un condominio," dice Jessica. "Voglio prendere due sedie e una tavoletta di cioccolata e metterli in uno degli ascensori. Spero che le persone si siedano mentre vanno su e giù e io possa fare loro delle domande. "

Che tipo di domande?

"Magari qualcosa di adatto ad ognuno di loro, ma pensavo anche di chiedere a tutti: 'Se questo ascensore potesse portarvi ovunque nel mondo, dove andreste?'

Bene. Fare alle persone domande specifiche probabilmente non sarebbe una buona idea. Ma mi chiedo se nel momento in cui spiegherai cosa stai facendo ci sarà tempo per chiedere qualsiasi cosa, o per ascoltare cosa rispondono.

"Potrei mettere un tavolino all'interno e attaccare un cartello con la domanda scritta sopra per risparmiare tempo. Una volta aperte le porte, le persone capiranno cosa stiamo facendo."

Fai finta di essere appena salito sull'ascensore. Fammi una domanda.

"Se questo ascensore potesse portarti ovunque nel mondo, dove andresti?"

Abbas finge di pensare. Si gratta il mento. Si guarda intorno. Passano venti secondi.

Abito a questo piano. Scendo qui. Vedi? Devi essere veloce! Le persone generalmente non restano negli ascensori, quindi scrivi alcune domande prima di iniziare e, oltre a chiedere "Se questo ascensore può portarti ovunque," evita le domande sugli ascensori stessi. Ci sono argomenti più interessanti.

"Qualcuno esce da una stanza con dentro un grande trambusto," dice Daniel. "Vediamo che è un prete, apparentemente era ad una festa. È molto ubriaco. Entra nell'ascensore e preme il pulsante. Lui non si regge in piedi e ha la testa chinata. Si sente una discussione all'esterno. L'ascensore si ferma ed entra una coppia. Smettono di litigare perché vogliono essere rispettosi davanti a un prete. Pensano che stia pregando. Una volta usciti dall'ascensore, ricominciano subito a litigare."

Non è un vero prete, vero? Viene da una festa in maschera?

"Sì. Rendiamo chiaro che non è un vero prete."

Come?

"Indossa un boa di piume e un rossetto, e odora di birra."

Il pubblico riuscirà a sentirne il profumo?

Pausa. "No."

Una volta approfondita, questa idea diventa più contorta di quanto si possa pensare a prima vista. A quanto ho capito, il tuo film funziona solo se il pubblico sa che non è un vero prete, ma le persone nell'ascensore pensano che lo sia davvero e si comportano con rispetto di fronte a lui. Questo è lo sketch. Come possiamo rendere entrambe le cose assolutamente chiare? Potrebbero esserci altre persone che escono dalla festa prima di lui, persone vestite con costumi bizzarri, il che rende chiaro che questa è una festa. Ma anche così, perché non dovrebbe mettersi il rossetto? Queste cose non escludono che sia un vero uomo di Dio. Allora potrebbe essere più interessante se fin dall'inizio tutti, compreso il pubblico, fossero convinti che sia un prete, ma alla fine del film si rendessero conto che non lo è affatto. Considera sempre il flusso di informazioni che arriva al pubblico, il modo migliore per alimentare certe cose: poco a poco e al momento giusto. Anche se l'obiettivo è condividere informazioni, anche celarle può essere una tattica utile.

"Forse sono l'unico che la pensa così," dice Thomas, "ma penso che sarebbe utile passare un po' di tempo guardando i suoi film e chiedere a lei, signor Kiarostami, di raccontarceli. So che imparerei molto. "

Non ne sarei così sicuro. Ci sono fondamentalmente due modi in cui possiamo condurre queste sessioni. Uno è parlare di film, l'altro è farli. Potremmo stare qui per ore ad esaminare uno dei miei film, anche uno dei miei cortometraggi realizzati più di quarant'anni fa, perché probabilmente saranno più le interpretazioni delle persone presenti in questa stanza. Ma dovremmo smettere di filosofeggiare e metterci al lavoro. Spiegare come faccio le cose non vi sarà di grande utilità a meno che ciò che dico non sia collegato al lavoro pratico. In questa fase iniziale, la cosa più importante è superare quello che vi frena dall'inventare una storia dopo l'altra. Un gruppo come questo dovrebbe essere in grado di trovare diverse idee realizzabili ogni ora. Se il mio lavoro qui ha un'utilità, è quella di fungere da catalizzatore. Mettete insieme le vostre menti e condividetele. Oggi è il nostro primo giorno insieme, quindi esploreremo il nostro potenziale per il resto del nostro tempo qui. Non vi conoscete nemmeno, ma ve lo assicuro: siamo tutti amici, una comunità improvvisata di cineasti che collabora insieme. Probabilmente avete più cose in comune di quanto pensate.

"Dovremmo presentarci prima di iniziare a lavorare?" chiede Joey.

Fatelo una volta che avrete effettivamente girato dei film insieme. Anche se a quel punto, ovviamente, non avrete bisogno di presentarvi. Andate avanti, fianco a fianco, e tutto vi sarà rivelato.

Mettete via i computer questa settimana. Spegnete i telefoni. Resistete alla tentazione di muovervi con loro. Il mondo diventa esattamente lo stesso, ovunque tu vada, se porti con te quelle macchine. Con loro in tasca il mondo è bloccato, gli viene impedito di avere un impatto su di voi. Lasciate tutte le barriere a casa.

Per domani voglio che tutti voi pensiate ad una storia. Dovrebbe essere fatta di immagini, quelle che hanno il potenziale per diventare un film su un ascensore. Dobbiamo realizzare questi film in modo economico e rapido, quindi pensate a storie che possono svolgersi in questa città, qui e ora. Questo è, più che altro, un esercizio per aiutarvi a trasferire ricordi e idee in scenari realizzabili in un film che potete filmare subito.

Lasciate che vi racconti una storia. Non ha nulla a che fare con gli ascensori, ma forse riuscirete a vederla nella vostra mente, scena per scena, man mano che ve la racconto. Dovete trasformare la vostra mente in una macchina fotografica, capace di fluttuare nel tempo e nello spazio. Mi sembra un motivo sufficiente per raccontarvela. La scena si svolge a San Paolo. Esco dal mio albergo e mi dirigo verso le strade della città. Cinque del pomeriggio. Ora di punta. Il rumore del traffico intenso e della folla. L'aria calda e soffocante. Un ragazzino mi passa accanto. Ha la faccia sporca e abbronzata, e porta un cappello nero calato fin quasi sugli occhi. Guardo i suoi vestiti e concludo che, anche se cammina con sicurezza, il ragazzo è un senzatetto. Il suo modo di vestire e la sicurezza con cui si muove tra la folla mi spingono a seguirlo. Lo guardo mentre si ferma davanti a un cestino dei rifiuti e fruga all'interno. Non trovando nulla, si sposta velocemente verso il contenitore successivo, dove trova un panino mangiato a metà. È coperto di fango, quindi lo rimette a posto. Il ragazzo si sposta da un contenitore all'altro, scrutandone il contenuto con grande attenzione, raccogliendo le cose, studiandole, poi rimettendole a posto. Alla fine si accorge che lo sto seguendo, osservando ogni suo movimento. I nostri occhi si incontrano. Si getta in strada come per sfuggire al mio sguardo, corre oltre il traffico in movimento, e scappa dall'altra parte da dove mi lancia un'occhiata – facendo capire chiaramente che vuole liberarsi di me – prima di scappare via.

Mi appoggio a un lampione, accendo una sigaretta e mi ritrovo accanto a una ragazza, forse tredicenne, che sbircia in un cestino dei rifiuti. Indossa dei tacchi e due magliette sporche – una sopra l'altra – e ha un nastro verde tra i capelli. Non riesco a vedere il suo viso. Cammina da un bidone all'altro, guardando in ognuno, mantenendo una certa distanza, senza mai affondarci le mani dentro. È un modo diverso di fare le cose rispetto al ragazzo. Mentre lui è frenetico, in questa ragazza c'è una certa dignità. Si comporta con orgoglio e compostezza. Quando trova il panino che il ragazzo ha rifiutato, lo prende, lo guarda, lo rimette nel cestino, tira fuori dalla tasca un tovagliolo di carta e si pulisce le mani. Decido di seguirla. Si dirige verso un'aiuola vicino a una fermata dell'autobus. La guardo da lontano mentre si abbassa, prende qualcosa dall'aiuola e lo mangia. Lo fa diverse volte. Non mastica, ingoia semplicemente queste cose mentre ne cerca altre. Una donna, che indossa un soprabito abbottonato da cima a fondo, è in piedi, in attesa dell'autobus, con le borse della spesa in mano. Guarda con curiosità – mista a disprezzo – verso la ragazza, chiaramente sta cercando di non farsi notare mentre lancia questi sguardi. La donna è imbarazzata quando la ragazza alla fine la sorprende a fissarla. Indignata, con passo saltellante, la ragazza si allontana. La donna si avvicina all'aiuola per vedere cosa stava raccogliendo la ragazza. Anch'io mi avvicino e i nostri

occhi si incrociano per un secondo. Arriva un autobus e la donna si affretta a salirvi. Resto lì ancora qualche secondo, con lo sguardo in basso, a ispezionare l'aiuola, ma non riesco a capire cosa stesse mangiando la ragazza. Non c'è niente, o almeno niente che mi sembri commestibile. Mi giro e la vedo camminare per strada. Continuo a seguirla e noto che il suo modo di camminare è diverso da quello di tutti quelli che la circondano. Sembra una principessa durante una passeggiata pomeridiana nei suoi vasti e lussureggianti giardini.

Si ferma davanti a un cestino dei rifiuti davanti a un fast food. Ormai sono convinto che la ragazza sia molto affamata. Ci sono gruppetti di persone che mangiano all'aperto, ad ogni angolo della strada. "Probabilmente in quel cestino ci sono una dozzina di hamburger mezzi mangiati," penso tra me e me. "Sono sicuro che troverà qualcosa." Ma a quanto pare non c'è niente lì dentro che secondo lei valga la pena mangiare, così entro nel ristorante, che è affollato. Ci sono file di persone in attesa di ordinare e di usare il bagno, gente sia con la pancia vuota che con la vescica piena. Le persone in fila mi sembrano sempre buffe, forse perché stanno dichiarando pubblicamente i loro bisogni privati e interiori in perfetto unisono. Se dovessi comprare un hamburger, ci vorrebbero dieci minuti e la ragazza se ne andrebbe, quindi dopo essere rimasto in piedi per qualche secondo, mi avvicino al bancone, poggio dei soldi e prendo un sacchetto con del cibo che stava lì. A nessuno sembra importare. A quanto sembra tutti pensano che non sia tanto scortese quanto estremamente affamato.

Esco e vedo che la ragazza è più in fondo alla strada di quanto mi aspettassi, in piedi fuori da una gioielleria, e guarda intensamente la finestra. A questo punto voglio vederla in faccia, e guardarla bene negli occhi, così le passo davanti e attraverso la porta della gioielleria, che suona quando la apro, avvisando il proprietario della mia presenza. Mi dà il benvenuto, ma subito mi giro e guardo fuori dalla vetrina, ignorando la sua merce, e mi concentro sulla ragazza che è lì fuori, con il viso parzialmente illuminato dal sole che tramonta. È bellissima, resa ancora più bella dalla Sonata per arpa e flauto di Boccherini, che suona all'interno del negozio. Lei fissa i gioielli con la stessa meraviglia con cui io la guardo, mentre il proprietario del negozio si chiede chi sia quest'uomo che entra, guarda fuori dalla finestra e si porta dietro un sacchetto di cibo puzzolente. Rimango lì, dopo aver visto il viso di questa ragazza, dopo che ho visto dentro ai suoi occhi luminosi, chiedendomi se potrei mai stancarmi di queste cose, e mi rendo conto che non mi fissa con avidità e nemmeno con un accenno di invidia. Sembra che non sia il tipo di persona che mangerebbe mai un hamburger scadente e patatine fritte, per quanto affamata possa essere. Sembra il tipo di donna difficile da accontentare.

Lei se ne va e io esco dal negozio, leggermente imbarazzato, senza neanche guardare il proprietario. Appena la vedo, mi viene un'idea. L'unica cosa da fare è mettere il sacchetto del cibo in un cestino affinché lei lo trovi, come per caso. So cosa state pensando. Chi getterebbe un hamburger intatto in un cestino se non fosse andato a male? L'ho vista pulirsi le mani dopo aver toccato un panino, è ovvio che non mangerebbe qualcosa di marcio. Quindi escogito un piano. Prenderò un morso dall'hamburger, rimetterò l'hamburger non finito nel sacchetto, quindi lo metterò nel cestino dei rifiuti verso cui lei si sta dirigendo. Mentre prendo un boccone, mi rendo conto che non ho per niente fame e ricordo che ho un appuntamento per cena a breve, quindi non voglio rovinarmi l'appetito. Mi sputo in mano il pezzo di hamburger e metto il sacchetto nel cestino prima di allontanarmi, facendo finta di guardare nella vetrina di un negozio. Si avvicina al cestino dei rifiuti, ma prima di notare la busta vede una lattina di Coca-Cola a terra accanto ad essa. La prende e la scuote. Apparentemente è piena perché inzia a berla. Non si aspetta che un cestino possa fornirle cibo e bevande perché continua a camminare, ignorando la busta. Non la vede nemmeno. Decido di tirarla fuori dal cestino e riprovare quindi mi avvicino in fretta al cestino, prendo il sacchetto, le passo accanto e lo metto nel cestino successivo, a pochi metri di distanza. Questa volta è stata una fortuna che non mi abbia notato. O almeno non credo che l'abbia fatto.

Riesco a malapena a guardarla mentre si avvicina al nuovo cestino dei rifiuti. La vedo sbirciare dentro, infilarci la mano, armeggiare con qualcosa: ci vuole davvero così tanto tempo per prendere una busta? Poi si allontana, esaminando il suo ritrovamento. Portavo degli occhiali scuri, quindi anche se vedo che sta trasportando qualcosa, non sono sicuro di cosa sia. Alla fine vedo che ha una rivista in mano, ma non la busta. Un altro fallimento. Ma aspetta! Dopo averne strappato una pagina, torna al cestino. Forse ora troverà la busta. Ma lei lancia lontano la rivista, che finisce direttamente nel cestino, e se ne va. La recupero nuovamente. Ormai sono stufo di questo giocare al gatto e al topo. Questa ragazza non presta la dovuta attenzione a tutto il cibo che giace nei bidoni della spazzatura in giro per la città. Sicuramente non posso essere l'unica persona che cerca di sfamare i senzatetto lasciando hamburger nei cestini. Io sono qui, bloccato con un sacchetto di cibo. Lei è lì, ancora a stomaco vuoto.

Ancora una volta le passo davanti e la vedo assorta nella pagina strappata dalla rivista, su cui c'è la foto di una modella. Metto il sacchetto in un altro cestino e aspetto. Lei passa, ancora estasiata dall'immagine di questa rivista, e mette la lattina vuota di Coca–Cola nel cestino prima di proseguire. Forse non ha fame, dopo tutto. Forse è solo frutto della mia immaginazione. Forse ho sbagliato fin dall'inizio. Tutto ciò che desiderava erano quei bocconcini dell'aiuola su cui fare uno spuntino e quella foto da guardare. Cerco di dimenticare il panino mezzo finito che ha preso e poi buttato via. Forse quelle magliette sporche sono per moda. Senza dubbio sua madre le avrà detto innumerevoli volte di usare la lavatrice e di prendere dei vestiti puliti e stirati dal suo armadio. Mi sento un po' stupido, anche perché ormai mi fanno male i piedi e comincio ad avere fame anch'io. Poi noto che sta guardando in un altro contenitore con grande intensità, come mai prima d'ora, e mi dispiaccio per non aver messo il sacchetto del cibo in quello. Lei se ne va e decido che è il momento di smetterla. Do il cibo a qualcun altro, al giovane dall'altra parte strada che sta dormendo in un'enorme scatola di cartone con la scritta

"Maneggiare con cura." Non saprei dire con certezza se ha fame. Un uomo affamato andrebbe a dormire così presto la sera?

Ma non posso farlo. Il mio cuore è con la ragazza. Non posso consegnare il suo cibo a quest'uomo nella sua scatola, non importa quanto sembri bisognoso. A questo punto la ragazza è in piedi davanti all'ennesimo cestino della spazzatura e sta ripulendo una mela che ha trovato. Tiene in mano il frutto con due dita e dà un piccolo morso. Per un momento mi viene in mente che potrei semplicemente avvicinarmi e offrirle la busta, ma questo significherebbe ammettere la sconfitta. Sarebbe come barare. Devo giocare secondo le regole che ho stabilito nella mia testa. Deve trovare questo hamburger in un cestino. Qualsiasi altra cosa sarebbe un compromesso e non ho intenzione di scendere a compromessi. Ancora una volta metto il sacchetto in un cestino, poi guardo la ragazza che ci getta dentro il torsolo di mela, si accende una sigaretta e se ne va. Presto non potrò più vederla nel buio della sera. Guardo il vuoto in fondo alla strada. Pochi minuti dopo, mentre chiudo alle mie spalle la porta della mia camera d'albergo, mi rendo conto di avere ancora quel pezzo di hamburger in mano.

Un'altra storia, questa molto più breve. Nel 1970, all'età di trent'anni, viaggiavo per la prima volta fuori dall'Iran. Ero in Cecoslovacchia e dormivo sui treni perché non avevo molti soldi. Una notte, un signore ben vestito con valigetta, cappello e soprabito salì sul vagone letto. Aprì la valigetta e tirò fuori giacca, camicia e cravatta, poi le appese. Si sedette ai piedi del letto e si tolse scarpe, calzini e pantaloni. Sono rimasto stupito nel vedere la sua biancheria intima tirata su sopra la sua pancia enorme. Non pensava che qualcuno lo stesse guardando. Alla fine si tolse il cappello. Ricordo come la luce notturna si rifletteva sulla sua testa calva. Lo guardai mentre scivolava nel letto senza spiegazzare le lenzuola. Dopo solo pochi minuti si alzò e procedette a rimettersi tutto, compresa la cravatta. Quando arrivammo alla stazione successiva, si mise con cura il cappello in testa, prese la borsa e scese dal treno. Gli ci erano voluti dieci minuti per togliersi tutti quei capi di abbigliamento e dieci minuti per vestirsi di nuovo. Rimase a letto solo cinque minuti. Questa è la mia storia del treno, una delle tante che ho della Cecoslovacchia. Rivedo spesso questa serie di scatti nella mia mente. È il miglior film che non ho mai fatto. Senza dubbio tutti voi proiettate film continuamente nell'intimità della vostra mente, ogni volta perfezionandoli ed elaborandoli. Speriamo che alcuni di essi si svolgano negli ascensori.

Potrebbe non esserci un ascensore in questo edificio, ma ce ne sono probabilmente una dozzina nel raggio di duecento metri da dove siamo seduti, compresi tutti i musei vicini. Hanno bellissimi interni e sono pieni di gente. Per i nostri scopi, non esiste un ascensore poco pratico. Se ne trovi uno, sicuramente troverai storie a non finire. A Torino, un partecipante al workshop ha acquistato un reggiseno rosso che ha lasciato cadere sul pavimento dell'ascensore di un albergo frequentato da facoltosi uomini d'affari, poi ha ripreso le espressioni sui loro volti. Spero che uno di voi prenda una telecamera e riprenda un ascensore in un luogo pubblico interessante, come un hotel o un ospedale. Cercate di essere i primi a tornare con un film.

"Hai qualche consiglio per chi vuole cominciare a riprendere da stasera?"

Un consiglio? Fate un buon lavoro.

❁❁❁

Secondo giorno.

Non fate di nuovo tardi. Iniziamo alle nove.

Spero che ieri siate andati a letto pensando agli ascensori. Io l'ho fatto. Se avete un'idea che ritenete valga la pena presentare, non importa se non piace a nessun altro o sembra non avere nulla da dire. Raccontatecela e basta. E siate più concisi possibile.

"Un amico mi ha detto che una volta ha cambiato appartamento dal secondo al decimo piano dello stesso edificio," dice Adam. "Ha messo tutto ciò che possedeva nell'ascensore. Tutta la sua vita ha viaggiato per otto piani."

Questo è lo sfondo di un film, non una storia in sé. La chiave è iniziare a pensare in modo cinematografico. Non dirci di cosa parlano le tue storie o qual è il tuo concetto. Basta spiegare con minuziosa precisione ciò che vediamo e sentiamo. Sii sempre preciso e non dirci nulla prima che ci serva saperlo. Si spera che le tue idee diventino chiare una volta che la storia inizierà a svilupparsi nelle nostre menti sotto forma di suoni e immagini, una volta che vedremo i tuoi personaggi fare cose e parlare tra loro. Prendendo il tuo esempio come punto di partenza, che ne dici di questo: una donna si avvicina a un ascensore portando con sé una sedia. Fuori dall'ascensore ci sono alcune scatole. Mette giù la sedia e preme il pulsante. E aspetta. Quando le porte si aprono, prende la sedia ed entra, poggia la sedia, poi corre fuori a prendere le scatole. Non è abbastanza veloce. Le porte dell'ascensore si chiudono dietro di lei, lasciandola bloccata sul pianerottolo, con la sedia all'interno. Su un altro piano un uomo aspetta l'ascensore. Arriva. Le porte si aprono e rivelano le due sedie. Non so cosa succederà dopo, ma mi piace questa idea. Forse i vicini sono infastiditi dal fatto che l'ascensore venga utilizzato in questo modo, quindi iniziano a prendere i mobili che questa donna sta trasportando per l'edificio.

"C'è un ascensore nel tuo albergo?"

Sì, e ieri sera ho trascorso un po' tempo esplorandolo. Ho viaggiato su e giù per quasi un'ora. Non riesco a immaginare cosa pensava che stessi facendo il personale dell'hotel. Ad un certo punto è entrato un uomo e ha cominciato subito ad agitarsi. Gli dava fastidio che ci fermassimo in alcuni piani mentre salivamo verso la sua stanza, e l'ho sentito chiaramente dire sottovoce: "Sarebbe stato più veloce salire a piedi!" Perché l'ascensore lo esasperava così tanto? Cosa lo ha turbato ancora prima di salire sull'ascensore? Perché aveva così tanta fretta? Si aspettava di trovare qualcosa o qualcuno nella sua stanza che non vedeva l'ora di vedere? Più tardi, un altro ha iniziato a picchiare sulle pareti perché era ubriaco. È caduto sui pulsanti e li ha premuti tutti, il che significava dover aspettare che l'ascensore si fermasse ad ogni piano. Ogni volta che le porte si aprivano, guardava nel corridoio e, senza guardarmi negli occhi, mi chiedeva dove fossimo. Ad un altro piano, direttamente di fronte all'ascensore, c'è un divano verde. Accanto c'è un tavolo su cui c'è un vaso di bellissimi fiori blu. Un uomo dai capelli grigi stava seduto lì, solo, immerso nel silenzio, con indosso un abito e una cravatta rossa, e fissava il mondo.

"Riconosco le persone nell'ascensore dove lavoro," dice Nicole, "ma non le conosco abbastanza bene per cominciare una conversazione. Che ne pensa di un film in cui un ascensore si rompe e due persone rimangono bloccate, ma non si dicono nulla?" Non parliamo tra di loro, comunicando invece solo con il linguaggio del corpo e il contatto visivo finché non arrivano i soccorsi. Forse percepiamo un momento di civetteria, ma un primo piano delle fedi nuziali su entrambe le loro mani ci dice tutto quello che ci serve sapere."

Mi piace l'autenticità e la semplicità di questo momento, e anche l'opportunità che ti offre di giocare con le immagini. Non è necessario dire una sola parola. Forse nel momento in cui lei decide di rispondere al suo sorriso, lui nota il suo anello ed è amareggiato.

"Anni fa sono andato a Berlino con un amico," dice Boris. "Siamo tornati al nostro hotel dopo una serata fuori e siamo entrati nell'ascensore, che era abbastanza grande per sole quattro persone. All'improvviso sei persone sono entrate nella hall e si sono schiacciate all'interno."

Domanda: dove mettiamo la macchina da presa? Sono immagini che necessitano di essere convertite in pezzi di cinema. Pensa sempre

alla praticità delle tue idee. Se rimangono tra di noi in questa stanza e non vengono realizzate, non ci sono di grande utilità.

"Potremmo imbrogliare e riprendere tutto con le portine aperte," suggerisce Boris. *"Alcuni di loro hanno iniziato a saltare su e giù per gioco, e l'ascensore si è fermato tra due piani. Ci è voluta mezz'ora prima che i vigili del fuoco ci tirassero fuori. La cosa interessante è come i vari personaggi sono cambiati in così poco tempo. L'allegra ebrezza dei ragazzi che si erano accalcati si è presto trasformata in rabbia, mentre io e il mio amico, che all'inizio eravamo infastiditi, ci siamo rassegnati alla situazione assurda in cui eravamo e siamo rimasti calmi. Le persone sembrano rivelare la loro vera natura quando sono sotto pressione."*

È un'idea interessante, ma devi smetterla di dirci di cosa parlano i tuoi film. Ad un workshop c'era un partecipante che, parlando della sua idea, ha esordito dicendo: "Questa è la storia di un uomo insoddisfatto del mondo, che vuole vendicarsi della società. Si parla del sentirsi inermi e della decadenza." E così via. Nessuno vuole che gli venga detto di cosa tratta una storia. Prendiamo una decisione a riguardo. Se la tua storia non è comprensibile attraverso ciò che il pubblico vede e sente, allora nessuna spiegazione, né qui né alle persone dopo aver visto il film, farà la differenza. Descrivi le tue idee solo con immagini e suoni. Pensa a ciò che il pubblico ha bisogno di vedere, pianifica i tuoi scatti di conseguenza, quindi descrivici con precisione quelle immagini. Quando inquadreremo gli ubriachi felici? Quanto tempo ci vuole prima che inizino ad agitarsi? Esattamente come reagite tu e il tuo amico? Iniziate a pensare in questi termini adesso e sarà più facile – più veloce – quando starete lì con la macchina fotografica in funzione. Sii preciso, al punto da farci sapere quanto dura ogni inquadratura.

"Stavo pensando ad un ascensore guasto, senza luci e a due persone che parlano della loro paura del buio," dice Sarah. "Sentiamo che potrebbero esserci suoni e conversazioni provenienti da altri ascensori nell'edificio, ma non ne siamo sicuri. Poi le luci si accendono e si vedono queste due persone – entrambi uomini o entrambe donne, non importa – che sono molto diverse tra di loro. Uno per esempio è un punk rocker, l'altro indossa un vestito elegante. Non si dicono una parola una volta accese le luci, il che significa che non sapremo mai chi ha detto cosa. Il significato del film è quello di non giudicare un libro dalla copertina."

Mi piace questa idea di una conversazione tra due persone le cui identità sono sconosciute l'una all'altra, anche se questa storia potrebbe svolgersi in qualsiasi stanza buia. Riesci a integrare nella storia il fatto che si trovano in un ascensore? Forse hai bisogno di semplificare le cose ed eliminare l'idea degli effetti sonori dagli altri ascensori. È sufficiente che non sappiamo chi sta parlando. Non dividere l'attenzione del pubblico e le tue energie. Afferra un'idea e mantienila. Non andare avanti finché non avrai risolto tutti i problemi. Affina la tua concentrazione. Trova soluzioni. Fallo al meglio.

"È una buona idea costruire una storia partendo da un personaggio?" chiede Nicole.

Trovane uno e possiamo lavorarci su. Di tanto in tanto ho incontrato persone così interessanti che attorno a loro è stato costruito un intero film. Inizialmente Mania Akbari avrebbe dovuto avere solo un piccolo ruolo nel film che volevo realizzare. La mia idea era quella di una psicologa il cui studio è stato chiuso dalle autorità perché una delle sue pazienti insiste che è stata spinta, contro la sua volontà, a separarsi dal marito. Il giorno dopo incontra un paziente all'ingresso del suo studio e, scusandosi, gli racconta che una perdita d'acqua ha allagato la stanza dove tiene le sedute. Il paziente, ormai estremamente agitato, sale nell'auto della psicologa e si rifiuta di andarsene. Nel frattempo arriva un poliziotto che ordina alla psicologa di spostare la sua macchina, quindi la seduta si svolge in movimento. Mania avrebbe dovuto interpretare uno degli altri pazienti, ma presto è emerso il suo talento e ho deciso che invece avrebbe dovuto interpretare la psicologa. Quando mi sono reso conto che non sembrava né suonava come una psicologa, ho scartato l'idea. Poi mi sono reso conto, ovviamente, che gli analisti non dicono granché. Ascoltano e basta, e non volevo fare un film pieno di monologhi. L'argomento delle conversazioni che avevo previsto gravitavano verso le relazioni tra donne. Il risultato è *Dieci*, in cui Mania gira per Teheran dando un passaggio ad altre donne che incontra, tra cui una prostituta, una moglie abbandonata dal marito e una donna anziana diretta alla moschea. Godard ha detto che tutto ciò che serve per fare un film è "una pistola e una ragazza." Per me è "una ragazza senza pistola" o forse "una ragazza e una macchina." Chi altro ha un'idea?

"Un ascensore si muove con solo una donna dentro," dice Beatrice. "Primo piano del suo viso. Le sue espressioni stanno cambiando."

Se è un primo piano, come facciamo a sapere che l'ascensore si sta muovendo? Come facciamo a sapere che è sola? Come facciamo a sapere che è in un ascensore? Capisci perché ti faccio queste domande? Quando ci racconti le tue storie per la prima volta, descrivi solo ciò che abbiamo bisogno di sapere. Mentre consideriamo le immagini che ci offri, mentre riproduciamo il tuo film nella nostra testa, se non ci è chiaro che lei è sola, allora devi ripensare la tua lista di riprese. È rilevante per la storia il fatto che sia sola? Se non lo è, perché dircelo? Abbiamo bisogno solo dei fatti più elementari su chi è nell'inquadratura, cosa sta facendo e dicendo. Una volta che abbiamo queste informazioni – e nel frattempo teniamo a mente le immagini e i suoni – se non ci è immediatamente chiaro di cosa si tratta, c'è un problema.

"OK. C'è una donna in ascensore..."

Dacci la tua lista delle riprese.

"Primo piano sul volto di una donna. Il rumore di un ascensore, forse l'annuncio di ogni piano. Mentre l'ascensore sale, la luce dall'esterno filtra attraverso la fessura della porta sul suo viso."

Bene.

"Vediamo l'incredulità, poi la rabbia, poi il suo profondo dolore. I suoi occhi si riempiono di lacrime. Lei li respinge con ferrea

determinazione. I suoi occhi si stringono. Stacco al quattordicesimo piano dove un giovane la sta aspettando."

Come facciamo a sapere che la sta aspettando? Cosa fa per renderci chiaro che è proprio questo che sta succedendo? Se non capiamo subito, da come si comporta o dalle inquadrature, che la sta aspettando, non dircelo.

Beatrice si ferma per un attimo a riflettere, poi continua: "Le porte si aprono al quattordicesimo piano e vediamo un giovane. I loro occhi si incontrano. Quelli del ragazzo sono pieni di trepidazione e desiderio. Quelli della ragazza di freddezza e di dubbio. Le porte iniziano a chiudersi. Lui le afferra. I due si fissano. Lei toglie la mano dalle porte. Le porte si chiudono. L'ascensore scende. Il suo viso mostra dolore e solitudine. Appiattisce con la mano le pieghe inesistenti dei suoi vestiti. Sembra sicura di sé mentre esce dall'ascensore, cammina nell'atrio ed esce per strada."

Molto bene. Se riesci a concepire la storia in maniera così dettagliata, allora sei al punto in cui dovresti filmarla. Sono felice che non abbia voluto dare spiegazioni sul suo significato. Una volta che il tuo lavoro sarà finito, una volta che saremo tutti seduti insieme a guardarlo, non potrai impedirci di dargli un'interpretazione, quindi non c'è bisogno che tu esprima i tuoi sentimenti riguardo a queste cose adesso. A proposito, non è necessario descrivere il suo viso come "pieno di malinconia e solitudine," o il modo in cui si comporta. Questo è di nuovo il tuo bisogno di spiegare cose che dovrebbero essere subliminali. Fai un'inquadratura del suo viso – anche se fermo e inespressivo – nel film in quel momento della storia, preceduto da tutte quelle altre immagini, e il pubblico probabilmente sentirà quelle emozioni e prenderà nota della sua sicurezza, che tu lo voglia o no. Permettimi di farti una domanda, alla quale non sei obbligata a rispondere: cosa ha ispirato questa storia?

"Un mio amico ha visto una donna piangere in un ascensore, ma non si è potuto avvicinare perché è claustrofobico."

Interessante. Sono questi i momenti e gli scorci di realtà che possono ispirare intere storie. Vai a filmarli. Ho un'idea. Due persone, A e B, entrano in un ascensore. Altre persone entrano da un altro piano. Primi piani delle tasche delle giacche, poi delle mani lungo i fianchi. Vediamo la mano di N spostarsi nella tasca di B e prendere il suo portafoglio. A mette il portafoglio in tasca. Pochi secondi dopo la mano di B si sposta verso la tasca di N e gli ruba il portafoglio, rimettendolo in tasca. Potrebbe essere divertente se fatto bene.

“Potrebbero sembrare due amici che stanno semplicemente scherzando tra loro,” dice Jessica. “Deve essere chiaro che sono ladri che non si conoscono.”

Non credo che il pubblico li vedrà come amici. Il modo più semplice per evitare confusione è farli salire a piani diversi in modo che non sembrino collegati e magari farli apparire diversi l’uno dall’altro. Il modo in cui qualcuno è vestito può essere un modo rapido ed efficace per trasmettere una personalità. Altre idee?

“Siamo all’interno di un ascensore,” dice Efrat. “È vuoto. Le porte si aprono al quinto piano. Entra un clown vestito di bianco e ha un grande sorriso dipinto sul volto. Ha avuto una lunga giornata ed è esausto. Spinge il pulsante del piano terra.”

Sai cosa ti chiederò.

“Come facciamo a sapere che ha avuto una lunga giornata?”

Se tutto ciò che possiamo vedere è questo sorriso, come facciamo a sapere che è stanco?

“Forse un primo piano sugli occhi che non riesce a tenere aperti?”

Forse. O che ne dici di fargli portare qualcosa che faccia capire che è esausto? Non c’è qualche materiale di scena o azione che puoi far utilizzare all’attore per renderlo chiaro? Qualcosa che puoi fargli tenere in mano? Un buon regista capisce che i conflitti interni sono importanti tanto quanto le lotte esterne e concrete che si verificano. Sapere come rendere visibili queste lotte è un’abilità preziosa. In questo caso, che ne dici di una manciata di palloncini sgonfi e dall’aspetto patetico? E forse il suo trucco è sbavato.

“Preme stancamente il pulsante o beve una tazza di caffè,” dice Efrat. “Poi sente una coppia litigare. Salgono al piano successivo, pieni di energia, urlandosi in faccia. Forse l’ascensore si rompe.”

È tutto quello che hai?

“Mi piacciono le immagini.”

È sufficiente per cominciare. Il contrasto tra il clown triste e la coppia agitata è intrigante. Non preoccuparti di non avere ancora un finale. Parla con i tuoi colleghi e scopri cosa succede dopo. Hai abbastanza per l’inizio di un film. Altre idee?

“Una giovane coppia appena sposata ha un lavoro poco retribuito ed è spaventata dalla città,” afferma Sandy.

C’entra un ascensore?

“Alla fine, sì.”

Sembra una storia lunga.

"Non proprio. Questo è solo il retroscena."

E allora perché raccontarcelo? Se il retroscena non ci è chiaro dopo la descrizione delle riprese, non è importante. Levati quei pensieri dalla testa.

"È solo un'idea al momento, non una sceneggiatura."

Siamo già al secondo giorno di un workshop di sette giorni. Si possono filmare queste idee? Forse, ma solo se li trasformi in personaggi, azioni e oggetti da posizionare davanti a una telecamera. Pensa prima di parlare. Se non riesci a condensare il retroscena in immagini, quei dettagli probabilmente non sono importanti. Inizia a pensare per immagini piuttosto che per idee.

Beatrice alza la mano. "Una signora ha il terrore degli ascensori. Posso dirlo?"

Come lo mostrerai?

"Vive in un grattacielo ed è nervosa."

Ha una cartella clinica appuntata sulla giacca?

"Si trova nell'atrio di un edificio. Di solito chiede al portiere di accompagnarla fino alla porta del suo appartamento, ma oggi lui non c'è e lei non riesce a entrare da sola nell'ascensore."

Se non c'è un portiere, come possiamo sapere che di solito c'è un portiere? E come possiamo sapere cosa fa di solito? Il cinema non è il mezzo migliore con cui mostrare qualcosa che non c'è.

"Chiama il marito da un telefono pubblico e gli chiede di venire in suo aiuto, ma lui non risponde."

Come facciamo a sapere che è suo marito? Perché non riesco a farmi capire da te? Dicci solo tutto quello che vediamo, niente di più. L'intenzione di un personaggio è resa chiara solo attraverso le sue azioni. Per te è tutto molto chiaro, nella tua testa, ma per noi è un guazzabuglio. Nella mia esperienza, qualcuno incapace di prendere posizione e descrivere la propria storia nel modo più semplice possibile probabilmente non avrà la capacità di trasformare quella storia in un film.

"OK, quindi non è suo marito. È qualcuno. Chiunque. Non sappiamo esattamente chi. Ma chiunque stia chiamando non è a casa, quindi esce in strada e chiede aiuto. Tutti la ignorano. Decide di entrare comunque nell'ascensore, ma non appena le porte si chiudono va nel panico e preme il pulsante dell'allarme."

Mi piacciono le immagini e le emozioni sono abbastanza reali, ma penso che sia più interessante la storia di una donna che non è mai stata in ascensore prima, piuttosto che di qualcuno che ne ha paura. Chi non è mai stato in un ascensore? Da dove viene questa donna? Vive in un edificio con ascensore e questa è la prima volta che lo usa?

"Stavo pensando a un film basato sui personaggi, con una donna che non ha mai visto un ascensore prima," dice Joseph. "È terrorizzata e si sente fortemente claustrofobica."

Va bene se è solo uno schizzo, una scena che dura un paio di minuti con questa donna, ma se vuoi qualcosa di più, deve succederle davvero qualcosa. Ci sono altri personaggi che puoi introdurre? Conosci qualcuno che potrebbe interpretare la parte in modo convincente?

"Penso di conoscere qualcuno che sembra abbastanza vulnerabile," dice Joseph.

Come mostri nello specifico il suo nervosismo?

"Pensavo a lei che ha un numero di telefono scritto sulla mano, o su una catenella al polso con sopra il suo nome. Questo farebbe pensare che abbia l'Alzheimer. È più sconcerto che nervosismo."

È una buona idea visiva. Lavoraci oggi e filmalo domani.

"Ho solo qualche immagine," dice Naomi. "Vediamo l'ascensore di un hotel, filmato al livello del pavimento. Un tappeto rosso. Scarpe lucide. Stacco su un uomo che indossa una vestaglia che passeggia lungo il corridoio ed entra nell'ascensore. Ripresa di nuovo al livello del pavimento. In mezzo a questo mare di nero pelle vediamo le sue pantofole. Non ho un finale."

È sufficiente per un film di due minuti. Questo è il genere di cose che probabilmente stanno accadendo proprio in questo momento nel mio hotel. Ieri sera ho visto un uomo e una donna nell'ascensore. Erano appena usciti dalla piscina ed erano avvolti negli asciugamani, circondati da ogni parte da uomini in giacca e cravatta, con valigette in mano. Quell'ascensore sembra essere una fonte inesauribile di storie.

Susanna alza la mano. "Una donna, sulla trentina, sta in un corridoio, aspetta un ascensore. Spinge il pulsante e prende un panino dalla borsa. L'ascensore arriva. Lei entra e inizia a mangiare. L'ascensore sale un paio di piani e si ferma. Le porte si aprono. Poco prima che chiudano, sale un uomo. Tira fuori un fazzoletto e si asciuga la fronte. È alto, ben rasato e indossa un abito. La donna lo trova attraente."

Come facciamo a sapere che le piace?

"Questa è l'idea del film. Prima che lui salisse sull'ascensore, lei stava mangiando il panino in modo disordinato, senza preoccuparsi del suo aspetto. Una volta che lui le è accanto, la donna cerca velocemente e furtivamente di pulirsi per fare bella figura con lui. Cerca un fazzoletto tra le tasche ma non riesce a trovarne uno."

Se non trova un fazzoletto, come facciamo a sapere che lo sta cercando?

"Penso che sarà abbastanza chiaro che sta cercando qualcosa per pulirsi la bocca," dice Susanna.

"E se la vedessimo guardarsi allo specchio nell'ascensore e notassimo un'insalata russa che le è rimasta intorno alla bocca?" suggerisce Boris.

Bene.

"Non trova il fazzoletto," continua Susanna, "allora l'uomo ne tira fuori uno dalla tasca e glielo porge. Lui sorride. Lei è imbarazzata, ma felice di essere entrata in contatto con lui. Sorride. L'ascensore si ferma, esce. "E il tuo fazzoletto?" dice. 'Non preoccuparti,' dice lui. 'So a quale piano abiti.'"

Può essere una buona storia su come uomini e donne interagiscono tra di loro in uno spazio ristretto. Mi piace anche il fatto che usi l'ascensore come parte integrante della storia, e che la storia sia trasmessa quasi interamente per immagini. Ci sono molte informazioni che puoi dare al pubblico attraverso il linguaggio del corpo, il modo in cui maneggia il panino e il fazzoletto e, più in generale, sé stessa. Potrebbe sistemarsi i capelli davanti allo specchio o togliersi le briciole dal viso. Ma perché l'uomo si asciuga la fronte con un fazzoletto? È necessario? Meglio che lo conservi per l'insalata russa della donna. Perché dovrebbe avere due fazzoletti in tasca? E come fa a sapere a che piano abita la donna? Lui sale sull'ascensore dopo di lei e scende prima di lei. Meglio farla scendere prima dall'ascensore e dargli il fazzoletto mentre se ne va. Lui lo rifiuta, poi esce con quella battuta.

"Mi chiedevo se vorresti farci girare film muti questa settimana," chiede Cyrus.

Non necessariamente. Gli esseri umani e il modo in cui parlano saranno sempre un elemento vitale del cinema. Come possiamo aspettarci di comprendere un personaggio se eliminiamo tutti i dialoghi da un film? Le parole sono fortemente suggestive. Anche il nome di qualcuno che non hai mai incontrato ha il potere di creare nella tua mente un'associazione emotiva immediata e di evocare un'immagine. Senza le espressioni facciali, il cinema non sarebbe in grado di rappresentare la solitudine e la bellezza dell'uomo, ma lo stesso si potrebbe dire della voce, che rivela tanto quanto gli occhi. Quando telefoni a qualcuno puoi intuire le sue vere intenzioni e il suo umore già dal modo in cui ti saluta. Qualcosa di così rivelatore dovrebbe essere sfruttato come parte integrante del cinema. Ci deve essere una buona ragione per omettere il suono da un film. Se hai scelto di farlo, dacci qualche indizio sul motivo per cui è stata presa quella decisione. È meglio includere almeno degli effetti sonori, perché se produci un film completamente muto e qualcuno ne acquista il DVD, probabilmente penserà che sia rotto e chiederà indietro i soldi.

❂ ❂ ❂

Tutto dovrebbe svanire di fronte a quello che è l'interesse del film nel suo insieme. Proprio come una buona partitura musicale non è necessariamente quella che la gente fischietta per giorni e giorni, un'immagine potente non deve essere necessariamente bella e costruita in modo intricato per distinguersi da tutto ciò che la circonda. Un'immagine potente potrebbe essere una semplice istantanea di un paesaggio o un momento fugace di emozione espressa da un attore, anche solo uno sguardo.

Quando ho iniziato, volevo dimostrare la mia abilità tecnica come regista, soprattutto perché la gente mi diceva sempre che avevo delle carenze da quel punto di vista. Alla fine, ho incluso nel mio primo film dei movimenti fantasiosi della macchina da presa. Le inquadrature erano abbastanza interessanti, ma i miei tentativi di virtuosismo tecnico hanno palesemente sabotato la storia. Ci deve essere sempre una buona ragione per muovere la telecamera. Non posso negare che le impostazioni della mia macchina da presa siano generalmente piuttosto semplici e che preferisco ridurre al minimo la troupe e l'attrezzatura. In effetti, per anni i cameramen non hanno voluto lavorare con me perché consideravano il mio modo di fare film poco sofisticato. Ma concentrarsi su qualcosa di diverso dalla storia significa ingannare il pubblico. Se c'è qualcosa di duraturo nel tuo film – se c'è poesia – si rivelerà attraverso i personaggi, le loro interazioni e i paesaggi che esplorano insieme, non attraverso riprese stravaganti.

❂ ❂ ❂

Create una storia nella vostra mente prima di filmarla. Montate il film nella vostra mente prima di farlo sul vostro computer. Non limitatevi a sperare.

❂ ❂ ❂

Pittori e poeti rappresentano le cose in modo astratto da migliaia di anni. Togliamo il verde da una foglia e vedremo quella foglia in modo diverso. Porta alla mente qualcosa di diverso da una foglia. Comprendiamo le cose non per la nostra realtà immediata, ma attraverso le associazioni.

❂ ❂ ❂

A qualcuno dispiace se finiamo presto oggi? Mi piacerebbe tanto fare una passeggiata nel quartiere. Siete liberi di unirvi a me.

❂ ❂ ❂

Terzo giorno.

Diversi partecipanti al workshop sono fuori a fare riprese. Kiarostami resta a parlare con un gruppo di partecipanti. "Esistono trucchi per mantenere buoni rapporti di lavoro con gli attori non professionisti prima e durante le riprese?" chiede Naomi.

Non sono uno scrittore abbastanza bravo per immaginare cosa direbbe un insegnante di provincia o come reagirebbe in determinate situazioni. Chi può scrivere dialoghi per un lavoratore analfabeta, un tassista o una vecchia meglio di un lavoratore analfabeta, un tassista e una vecchia? Spesso, quando ho un'idea che penso valga la pena esplorare, vado alla ricerca di persone reali che possano incarnare i personaggi immaginari di questa storia incompiuta e stimolare così la mia immaginazione. Quando trovo qualcuno che penso possa funzionare come personaggio di un film, trascorro del tempo con lui nel suo ambiente e, se possibile, nei luoghi in cui voglio girare. Imparo chi è, poi uso quelle informazioni per dare forma alle mie idee. Non interferisco troppo in quello che fa. Gli do il minimo delle informazioni, lasciandogli abbastanza spazio per esprimersi e lasciarlo tranquillo. Usare attori non professionisti significa applicare alcune regole. Poiché essenzialmente interpretano loro stessi, dovete accettare il fatto che non commettono errori e non possono mai sbagliare.

Un attore non professionista rende subito chiaro fino a che punto la sua interpretazione può essere influenzata dal regista. Bisogna concedere un certo livello di libertà in queste situazioni. Non cercate di controllare tutto. Di solito ho già qualche idea quando mi imbarco in progetti di questo tipo, anche se la mia visione non è mai scolpita nella pietra. Le persone con idee categoriche su chi vorrebbero al loro fianco probabilmente trascorrono la vita da sole. È meglio mantenere i personaggi che creiamo ad uno stadio approssimativo e non definiti del tutto, in modo che quando poi incontro qualcuno dal vivo, le mie idee siano sufficientemente malleabili da permettermi di percepirli come il personaggio che ho in mente. Non rinchiudete una persona vera nella rigida concezione di un personaggio immaginario. Meglio il contrario. Piuttosto che avvicinare qualcuno alla mia immagine costruita, sperando che la realtà si adatti ad essa, mi adeguo e mi avvicino alla persona reale, verso la situazione che si svolge davanti a me. Le mie idee sono come stoffe ritagliate secondo le esigenze dell'attore che le deve indossare. Se la giacca è troppo grande, il sarto non dice: "Vai a casa, accorciati le braccia e torna domattina. Allora la giacca ti starà bene." Gli aggiusta le maniche.

Detto questo, anche se non spiego ai non professionisti esattamente il contenuto dei dialoghi o cosa fa il loro personaggio, cerco di imporre i miei pensieri subliminalmente, quindi in una certa misura le mie idee si fondono con quelle dell'attore. Spiego la scena che ho in mente, fornendo dettagli sulla narrazione, il sentimento generale e la direzione verso cui vorrei muovermi. In questo modo, attiro delicatamente l'attore verso le idee ancora vaghe che ho sul personaggio che sta interpretando. Allo stesso tempo, so che l'attore porterà molto di sé nel ruolo. La maggior parte delle persone interpreta sé stessa in modo molto convincente, ed è per questo che non interferisco quando, ad esempio, si tratta di scegliere il loro vestiario. Lascio che mi correggano su queste cose. Gli attori amatoriali sono i migliori costumisti e truccatori per loro stessi perché nessuno meglio di loro sa cosa dovrebbe indossare il proprio personaggio. Quando qualcuno si trova davanti allo specchio, abbinare i suoi sentimenti interiori con il suo aspetto esteriore è più importante che abbinare il colore delle sue scarpe con la borsa che porta. Nella vita reale spesso arriviamo a capire qualcuno all'istante per l'aspetto esteriore e il comportamento, anche prima che apra bocca.

Lavorando in questo modo delicato, dopo un po' di tempo – a volte mesi – diventa difficile capire quali idee provengano dalla mia immaginazione e quali dalla realtà. Si tratta di creare il giusto equilibrio tra le istruzioni che do agli attori e le informazioni che loro mi danno, di aiutarli a sviluppare il loro carattere e di permettere loro di fare determinate scoperte, di assicurarsi che si sentano a proprio agio nel fare più o meno quello che voglio senza che debba dare istruzioni dirette. A volte non so se sto dicendo loro cosa dire o se sono loro a scrivere la sceneggiatura. Impariamo gli uni dagli altri.

❁❁❁

La pigrizia è un peccato capitale.

❁❁❁

Non potete pretendere di fare del cinema senza una storia. Anche una fotografia ha una storia. Ma il mistero è essenziale. Ciò che è irrisolto e metafisico – non ciò che è risolto e razionale – è ciò che mantiene vivo il nostro interesse, e lo fa per molto tempo dopo che abbiamo finito di fissare un dipinto, leggere una poesia o guardare un film.

❁❁❁

Essere chiari e comprensibili richiede un duro lavoro. A volte le storie più elementari sono quelle che necessitano maggiori riflessioni. Non confondere la semplicità con la facilità di creazione. Il trucco, infatti, è far sembrare semplice qualcosa di complesso.

❁❁❁

Accettate che non c'è nulla di nuovo sotto il sole. Tutto è già stato fatto. Ma ogni artista creativo porta una nuova prospettiva.

Eliminate tutto ciò che non è necessario. Resistete all'assalto delle idee secondarie che accompagnano quella primaria. Non mischiatele. Il modo più efficace per perfezionare il vostro lavoro è mantenerlo breve e semplice. "In realtà non ho fatto nulla," ha detto Michelangelo quando gli è stato chiesto come ha creato il David. "La statua esisteva già nel blocco di pietra. Io non ho fatto altro che togliere tutto il superfluo." Rumi ci consiglia di non parlare troppo, di usare meno parole possibili. Tenetelo a mente quando raccontate le vostre storie, quando fate film, quando scegliete le immagini, quando vivete la vita.

Il linguaggio che utilizzo è finalizzato a trasmettere le informazioni nel modo più efficiente possibile. A volte ho idee che non riesco ad esprimere a parole, quindi non le scrivo. È necessaria una forma espressiva diversa.

Ogni inquadratura dovrebbe fare riferimento l'una all'altra.

Concentratevi! Non siate così impazienti.

L'espressione di sé dovrebbe quasi sempre essere mantenuta privata.

Chiedere a un attore non professionista di imparare i dialoghi a memoria la maggior parte delle volte non funziona. Di solito, una volta che parliamo del personaggio che interpreterà e che spiego come si svolge la scena, finisce per esprimersi molto più di quanto avrei mai potuto immaginare. Dirigo, per così dire, in maniera indiretta, con un tocco leggero. Date spazio a un artista e sarà subito ovvio che è la persona più adatta per dirvi tutto ciò che è importante – tutti quei dettagli sensibili – sul suo personaggio.

Sa come definire al meglio quella persona inventata e spogliarla dell'artificiosità. Senza battute precise da imparare sarà molto più sicuro, fornendo idee e creando i propri dialoghi. In questo modo, mette maggiormente sé stesso nel ruolo e spinge le cose in una direzione più interessante. Può essere sorprendente e rinvigorente.

Il nonno in *Dov'è la casa del mio amico?* ha un monologo su come dovrebbero essere allevati i bambini. Racconta di come, quando era piccolo, suo padre gli dava una monetina ogni settimana e una bastonata ogni due settimane. "A volte dimenticava il centesimo," dice, "ma non dimenticava mai le botte." Il nonno si rammarica di come i bambini di oggi siano così disobbedienti, privi di disciplina, irrispettosi nei confronti degli anziani. Ho passato molto tempo a chiacchierare con quel vecchio, seduto accanto a lui a bere il tè, prima che sapesse che stavo girando un film. Gli ho raccontato cosa provo per i giovani di oggi, concordando con lui nel dire che sono troppo ribelli, soprattutto con i loro padri. Ho continuato a parlare fino a quando finalmente ho spiegato cosa stavamo facendo in quel villaggio, aggiungendo: "Vorrei inserire questa idea nel film, ma nessuno mi ascolterebbe. Ci vuole qualcun altro che spieghi queste cose, qualcuno con una certa solennità. Avrei chiesto a mio padre, ma non sta bene. Me lo ricordi e mi chiedo se prenderesti in considerazione l'idea di interpretare questa parte. Quando si tratta di esprimere idee come queste solo un uomo più anziano può farsi ascoltare. Se dovessi parlare di questioni simili, la gente ti ascolterebbe sicuramente." Ho piantato alcuni semi nella sua mente, poi gli ho chiarito che era l'unica persona che poteva coltivarli. L'ho manipolato dandogli una grande dose di fiducia in sé stesso, così quando abbiamo girato la scena il vecchio non ha sentito alcuna pressione e l'ha interpretata con assoluta convinzione e credibilità.

A volte parlo all'infinito con un attore di una particolare idea, sperando di convincerlo che il pensiero originale era suo sin dall'inizio. Hossein Rezai, che interpreta Hossein in *Sotto gli ulivi*, ha contribuito a formare e perfezionare il suo personaggio riportandomi sempre alla realtà e mettendo in dubbio la verosimiglianza di certi dialoghi. Hossein e io ci incontravamo regolarmente già da mesi prima che le riprese iniziassero. Quando gli dicevo qualcosa e l'espressione sul suo viso mi diceva che ero fuori strada, rivedevo il mio approccio. Tutto ciò che sembrava artificiale e falso veniva scartato. In uno dei nostri incontri, nel bel mezzo della conversazione, dissi: "Sarebbe un'ottima cosa se i ricchi si sposassero con i poveri. Così ognuno potrebbe permettersi una casa propria. Non ha senso avere due case. Non puoi mettere la testa da una parte e i piedi dall'altra." Più tardi, quando abbiamo incontrato il cameraman, mi sono rivolto a Hossein e gli ho detto: "Digli quello che stavi dicendo sulle persone con due case." Mi guardò, chiedendosi per un momento se fossi stato io o lui a parlarne per primo. Alla fine ha ripetuto l'idea al cameraman e io gli ho detto che quelle non erano le parole esatte che aveva usato prima, e forse ho aggiunto un'altra battuta, facendo finta che fossero tutti pensieri suoi. Ogni volta che incontravo Hossein gli chiedevo di ripetere quello che aveva detto. A poco a poco, assorbì le battute, che ormai erano impresse nella sua memoria. Dopo circa un mese finì per credere che erano tutte sue idee. Come nei trapianti di capelli, potevo fare solo uno o due ciuffi alla volta.

Quella battuta sulle due case è in *Sotto gli ulivi*, viene detta quando Hossein è in macchina a parlare con il regista, interpretato da Mohammad-Ali Keshavarz, un attore professionista. La mattina delle riprese ho camminato con Hossein in una foresta. "Ti ricordi che molti mesi fa," gli chiesi, "mi hai fatto notare che...?" Gli ho ricordato quello che aveva detto e gli ho suggerito di raccontarlo al signor Keshavarz. Hossein, che ormai pronunciava le battute in modo abbastanza naturale e sincero, le aveva fatte sue. Grazie al modo in cui abbiamo lavorato assieme, gli appartenevano davvero. Imporgli un copione e dirgli le battute non avrebbe funzionato. In quel momento ero seduto accanto a lui in macchina, azionavo la telecamera e parlavo con lui. Quando ha detto: "Non è possibile mettere la testa in una casa e i piedi in un'altra," sono stato io – non il signor Keshavarz – a rispondere con la frase: "Ma puoi affittare una casa e vivere nell'altra." Lo sguardo straordinario che ha è uno dei miei momenti preferiti del film. Si è dimenticato della telecamera e ha reagito senza pensare. Successivamente ho filmato le inquadrature invertite del signor Keshavarz e ho montato la sequenza. Guardate di nuovo la scena. A parte i secondi iniziali, non li vedete mai insieme nella stessa inquadratura.

Una buona narrazione avrà sempre la meglio su tutto ciò che è pittorico. Ma mentre il vero fondamento di un film potrebbe essere l'espressione di idee, sappiate che una bella immagine, utilizzata in modo appropriato, può essere più che meritevole. C'è del valore in queste cose.

Il cinema, come la poesia, si basa sul ritmo.

❁❁❁

Non saprei dirvi cos'è la "grande arte." Conosco solo poesie e film, dipinti e libri, che mi hanno dato insegnamenti e spinto verso nuove direzioni: verso la Bellezza.

❁❁❁

Mi piace lavorare con attori senza preconcetti. Gli attori professionisti raramente sono così genuini, soprattutto se hanno avuto esperienze difficili con altri registi, per questo parte del mio lavoro a volte consiste nell'esorcizzare i ricordi negativi. Lavorano sulla loro tecnica da anni e fanno sempre tantissime domande. Ogni dettaglio sul personaggio è importante per loro, e a volte mi viene richiesto di comunicare usando un linguaggio tecnico. I non professionisti, invece, si affidano esclusivamente all'istinto e mi costringono a ragionare diversamente. I due approcci si confondono a vicenda e il risultato finale – un mix di professionisti e non professionisti nella stessa scena – può essere sorprendente. Ho scelto William Shimell, un cantante d'opera, per *Copia conforme*, perché pensavo che avrebbe potuto in qualche modo influenzare la performance di Juliette Binoche. Speravo che potesse metterla alla prova in modi interessanti, ma William si è esibito in una performance più raffinata di quanto mi aspettassi. Forse l'influenza è andata nella direzione opposta. Forse è stata la professionalità di Juliette a spingere William a recitare in quel modo.

Sia gli attori esperti che quelli profani, in un mondo ideale, danno performance credibili, ma affrontano il loro lavoro in modi completamente diversi. È meglio che un attore sappia assolutamente tutto del suo mestiere e si sforzi costantemente di migliorare la sua tecnica, oppure meglio non sapere nulla. Qualsiasi cosa tra questi due estremi è problematica. Nel momento in cui un professionista mette piede sul set, diventa immediatamente qualcun altro. Il suo compito è non essere più se stesso. Più si allontana dal suo vero sé, più si avvicina al personaggio che sta interpretando. Sa tutto quello che c'è da sapere sull'apparato tecnico e le complesse procedure che lo circondano quando entra in scena davanti alla telecamera, ma si è allenato a ignorare tutto quanto. Il professionista deve essere talmente esperto nel suo lavoro che tutto ciò che dice e fa diventa vero. Deve creare quella credibilità attraverso il suo stile e una tecnica raffinata. Il non professionista, invece, si avvicina al suo

lavoro in modo inconsapevole. Essendo sé stesso, non portando sul set nient'altro che il suo vero sé, fa ciò che gli viene richiesto.

In *Sotto gli ulivi*, ogni volta che Hossein era davanti alla telecamera, Mohammad-Ali Keshavarz restava in disparte a studiare attentamente la sua non interpretazione. Era quasi come se si chiedesse: "Come fa questo giovane, che non sa nulla di recitazione, a recitare così bene?" La risposta è che la maggior parte dei non professionisti non recita davanti alla telecamera. Sono loro stessi. Se vuoi qualcosa di più, probabilmente avrai problemi. Evito di portare con me appunti o copioni sul set perché mettono a disagio gli artisti profani. Possono succedere due cose quando attori non professionisti guardano le pagine che ho in mano: o insistono sul fatto che memorizzare tutte quelle battute è impossibile per loro, oppure tentano di memorizzare le battute prima di recitarle. In questo modo, il non professionista diventa un professionista, e solitamente un cattivo professionista. I non professionisti dovrebbero rimanere non professionisti.

I bravi attori professionisti tentano di imitare quello che fanno naturalmente gli attori non professionisti competenti, ovvero posizionarsi davanti alla telecamera esattamente come farebbero nella vita reale. Sono arrivato a comprendere la verità di questa intuizione già nel mio primo film, *Il pane e il vicolo*, la storia di un ragazzo che incontra un cane mentre torna a casa dalla panetteria. Abbiamo preso un bambino di sette anni e un cane randagio, nessuno dei quali aveva alcuna esperienza di recitazione. Il ragazzo prende a calci una lattina mentre cammina. La lattina colpisce il cane, che abbaia e il ragazzo scappa. La mia idea era di farlo camminare direttamente davanti al cane, così ho comprato una bicicletta, l'ho messa sul lato opposto della strada e gli ho detto che avrebbe potuto averla se fosse passato davanti all'animale. Ha funzionato perfettamente ed entrambi abbiamo ottenuto ciò che volevamo. Il trucco era far sì che il bambino sentisse realmente ciò che stava vivendo il suo personaggio immaginario.

Per la scena de *Il Viaggiatore* in cui il ragazzo viene picchiato, gli ho chiesto cosa avrebbe voluto in cambio di ricevere dieci bastonate. Ha detto che voleva una tuta da ginnastica e un pallone da calcio. Una volta iniziate le riprese, il realismo della scena ha sorpreso perfino me. La donna nella scena era davvero la madre di quel ragazzo. Lei ha girato spontaneamente la testa per non vedere suo figlio mentre veniva picchiato. Era la sua reazione, onesta e umana, a quella violenza.

C'è una scena in *Sotto gli ulivi* con Hossein e il signor Keshavarz seduti sul retro di un camion, che si ferma per raccogliere autostoppisti. Il signor Keshavarz chiede a una giovane donna se vuole partecipare al film. Abbiamo fatto tre riprese. La prima era buona perché non sapeva quale sarebbe stata la domanda. La sua timidezza ha funzionato meravigliosamente per la parte. Alla terza ripresa, sapeva quale sarebbe stata la domanda e la sua timidezza era quasi scomparsa. Per ottenere ancora una volta la reazione che desideravo, il signor Keshavarz le ha improvvisamente chiesto se avrebbe ballato nel nostro film. Guardate i suoi occhi quando le viene posta la domanda. Si spalancano fino a che non si nasconde dietro sua madre. È stata una reazione assolutamente genuina. Abbiamo stimolato la sua spontaneità. Per fortuna siamo riusciti a catturare quello sguardo perché la domanda successiva sarebbe stata: "Ti spoglieresti per il film?"

❁ ❁ ❁

Ero a cena con una mia amica e voleva delle sigarette, così mio figlio è andato a comprargliele. Abbiamo aspettato a lungo il suo ritorno prima di scoprire che aveva camminato per tre miglia fino alla città per comprarle. Quel senso di responsabilità, quel tipo di perseveranza che dovrebbe sempre essere premiata in un modo o nell'altro, è ciò che volevo trasmettere in *Dov'è la casa del mio amico?*

Avevo bisogno di una ripresa della reazione di Babak Ahmadpour, il ragazzo di *Dov'è la casa del mio amico?*, nella scena iniziale del film, quando sua madre gli vieta di andare alla ricerca del suo compagno di scuola. Ha messo per errore il taccuino dell'amico nella sua borsa e vuole restituirglielo. Vediamo lo sguardo confuso sul volto del ragazzo solo per pochi secondi, ma è qualcosa che non dimenticherò mai. Per ottenere quella reazione l'ho fatto mettere di fronte alla telecamera e gli ho chiesto di risolvere un problema di matematica. Nonostante nel film ci sembri che lui si stia chiedendo perché la madre l'abbia punito, la sua espressione è in realtà dovuta allo sforzo nel gestire tutti quei numeri che gli passano per la testa.

Più tardi, il ragazzo si ritrova nei vicoli bui di un villaggio sconosciuto. Sente un cane che abbaia ed è terrorizzato. Non vediamo il cane, solo lo sguardo sul volto di Babak. La consideravo un'immagine di fondamentale importanza che dovevamo filmare

nel migliore dei modi perché, in un certo senso, la qualità del film dipendeva dagli occhi espressivi di questo ragazzino. Mostrare quello sguardo inconfondibile di sfida e perseveranza era essenziale. Uno dei membri della troupe si è nascosto lì vicino e ha iniziato ad imitare l'abbaiare di un cane ad un volume molto alto. Mi sono girato verso il mio assistente, assicurandomi che il ragazzo potesse sentirmi, e ho detto: "Sei sicuro di aver legato il cane? Vai a controllare che non scappi. Dopotutto è un randagio. Di quelli pericolosi. Dagli un osso così non si mangia la corda. Non voglio che morda qualcuno." E così via. Babak era convinto che l'animale stesse per scappare e attaccarlo. Molto tempo dopo ho aggiunto alla colonna sonora la registrazione di un vero cane.

In entrambi i casi, dare al ragazzo qualcosa di concreto su cui concentrarsi, invece di dirgli solo di fingere, è stato un modo molto più efficace per ottenere ciò che volevo nel film. Ho anche organizzato alcune cose settimane prima dell'inizio delle riprese, compreso la creazione di una classe fittizia in cui abbiamo inserito Babak. Questo significa che fin dall'inizio era convinto di aver davvero preso il taccuino del suo amico e che noi – la troupe cinematografica – eravamo venuti da Teheran per aiutarlo a restituirglielo. La cosa fondamentale per Babak era assicurarsi che il quaderno venisse restituito il prima possibile. Nel frattempo abbiamo realizzato un film su di lui. “Per favore, sbrigati a trovare il tuo amico,” gli ho detto. “Dobbiamo tornare tutti a casa il più presto possibile.”

۞۞۞

Ho trovato il ragazzo protagonista de *Il Viaggiatore* mentre giocava a calcio su un campo sterrato. In una sequenza, volevo che stesse davanti alla porta e che giocasse male, lasciando che l'altra squadra segnasse, poi un suo compagno di squadra doveva avvicinarsi e rimproverarlo. Nel momento in cui abbiamo iniziato a girare, è diventato subito chiaro che il ragazzo non voleva darci retta. Ignorando ciò che gli avevo detto, ha continuato a fare del suo meglio per prendere la palla e impedire che l'altra squadra vincesse. Lo presi da parte diverse volte, ricordandogli che la sua parte richiedeva che vincesse l'altra squadra. Più avanti nel film, il ragazzo e il suo amico vengono mostrati seduti sui gradini di una casa. L'amico critica il suo modo di giocare. L'altro dice che è lui quello che ha giocato male.

La donna che interpreta la madre del bambino in *Dov'è la casa del mio amico?* si rifiutò di lavare a mano una maglietta e stenderla ad asciugare per più di una ripresa. Insisteva che la maglietta era pulita e che se avessimo avuto bisogno che lo facesse di nuovo, avrebbe preso dei veri panni sporchi. L'idea di lavare la stessa camicia pulita una seconda volta era per lei inconcepibile. Alla fine il mio assistente gettò la maglietta a terra, dicendo: “Adesso è di nuovo sporca!” Cercai di inserire un altro bambino tra gli attori, ma sua madre non acconsentì. Ci disse che una volta aveva visto un film su un bambino che si perdeva e veniva ritrovato vent'anni dopo. Era convinta che suo figlio sarebbe scomparso se avesse partecipato al nostro.

Volevo che uno dei bambini di *Dov'è la casa del mio amico?* si mettesse sotto un banco della sua classe, così ho scelto un ragazzo che per lavoro consegnava casse di latte dopo la scuola, e che per questo aveva un forte mal di schiena. “Quando ti chiedo perché sei sotto il tavolo,” gli ho detto, “spiegami che è per via del tuo dolore alla schiena.” Abbiamo sistemato la telecamera e il ragazzo si è messo sotto il banco. Dopo averlo inquadrato, gli ho chiesto come mai era lì sotto. Ha sporto la testa e ha detto: “Mi hai detto tu di venire qui.” Ho chiesto al mio assistente di parlare con il ragazzo e di mettersi sotto il tavolo con lui. Abbiamo ricominciato a girare e ho posto la stessa domanda. Il ragazzo indica il mio assistente e dice: “Me l’ha detto lui!”

Gli abitanti del villaggio dove abbiamo realizzato *Il vento ci porterà via* non avevano la minima nozione di cinema ed erano completamente assorbiti dal proprio lavoro. Ci è voluto molto tempo per convincere il padre di un giovane attore a farlo partecipare al film. L’idea di lasciare le pecore da sole nei campi gli era incomprensibile. Tutto questo ci è stato d’aiuto perché nessuno capiva veramente cosa stavamo facendo o era infastidito dalla telecamera. Molte persone del luogo si sono rivelate degli attori magnifici. A dire il vero non hanno nemmeno dovuto sforzarsi. Erano già perfetti. Dopo due giorni di riprese con la donna nella sequenza del bar in *Il vento ci porterà via*, ci ha detto che non sarebbe potuta tornare il giorno dopo e che avrebbe invece mandato sua figlia. Non c’era modo di farle capire che era di lei che avevamo bisogno. Forse se lo avesse capito non avrebbe fatto una performance così magnifica.

* * *

L’arte vede le cose da vicino, focalizza la nostra attenzione, insegnandoci a non incolpare gli altri con leggerezza. L’arte non dà giudizi, informa e insegna. La telecamera permette alla verità di arrivare dove non potrebbe altrimenti.

* * *

Le emozioni dovrebbero guidare i gesti dell’attore, non il contrario. Se volete che un artista sia triste, suscitate in lui quell’emozione. Se un personaggio deve avere paura, si può provare a spaventare veramente l’attore che lo interpreta. Tutto deve essere il più reale e veritiero possibile. Chiedete a un attore non professionista di essere felice e la maggior parte di loro sorriderà e nient’altro. Chiedetegli di essere triste e tutto ciò che otterrete sarà uno sguardo accigliato. È tutto troppo teatrale e poco convincente. Quando lavoro con attori non professionisti, non voglio che recitino. Ho bisogno che siano autentici. Scoprite cosa spinge qualcuno a comportarsi in un certo modo, poi traetene vantaggio escogitando strategie per realizzarlo.

Kiarostami proietta la sequenza di apertura di Dieci, girata con due telecamere fissate al cruscotto di un’auto, con Mania Akbari e suo figlio nella vita reale, che interpretano una madre e un figlio, mentre guidano per le strade di Teheran. Il ragazzo è arrabbiato perché non vuole mancare ad una gara di nuoto. Le sequenze successive mostrano Mania che dà passaggi ad altre donne.

Ho trascorso del tempo con il ragazzo e sua madre, venendo a conoscere le sue simpatie e antipatie. Nella sequenza in cui la si vede accompagnarlo in piscina, era importante che prendesse davvero la strada che porta lì, altrimenti lui non avrebbe creduto a quello che stava accadendo. Realtà e finzione dovevano fondersi e fornire un ambiente credibile per gli attori. Ogni volta che deviava dal percorso, il ragazzo le chiedeva subito: "Non andiamo in piscina?" e perdeva la concentrazione. Abbiamo girato la sequenza tre volte, sempre di martedì, quando era previsto che il ragazzo andasse a nuotare. Mania era subdola, faceva in modo di uscire di casa più tardi, cosa che lo turbava, e appena seduti in macchina fece finta di dimenticare gli occhiali e il portafoglio, così da renderlo ancora più agitato. Era pericoloso lavorare in questo modo, c'era il rischio che abbandonasse addirittura il film.

Le riprese sono durate tre mesi perché lavoravamo solo quando l'atmosfera era giusta per gli interpreti, cosa che non si poteva programmare in anticipo, quindi la macchina e le telecamere erano sempre a portata di mano. A seconda della loro disposizione e, soprattutto, di come si sentivano, gli attori mi dicevano quando avremmo dovuto girare. A volte lavoravamo solo uno o due giorni alla settimana. Il regista può consegnare la sceneggiatura quando vuole, ma deve aspettare che l'attore non professionista riesca ad emozionarsi e ad entrare in sintonia con essa. Senza questo allineamento, le performance potrebbero non essere così credibili. C'è una storia vera dietro ogni faccia triste nei miei film.

Anche se in qualche modo ero io a guidare le conversazioni in *Dieci*, le parole e le espressioni degli attori erano le loro. La realtà è sempre stata il punto di partenza. Sapevo che la donna che interpretava la prostituta aveva litigato con il suo ragazzo prima delle riprese. Ho pensato che potesse essere utile, dato che il suo personaggio in *Dieci* non è una persona molto felice, e le ho detto di chiamarmi ogni volta che avesse avuto voglia di fare qualche ripresa. Poco prima di iniziare a filmare, la giovane donna si era riappacificata con il suo ragazzo, quindi gli ho chiesto di trovare un motivo per discutere di nuovo con lei. Sapevo che mi avrebbe chiamato e avrebbe detto: "Oggi è il giorno giusto. Dovremmo filmare adesso." Questa donna modesta e aggraziata è in realtà molto diversa dal personaggio sullo schermo: penso che volesse svelare il suo lato nascosto, dimostrando così che esistono eccezioni alla regola secondo cui quando si tratta di assumere attori bisogna scegliere qualcuno il più vicino possibile alla parte che andranno ad interpretare. La prima ripresa che abbiamo fatto mentre parlava con Mania in macchina risultava sfuocata, ma era anche la sua migliore performance, perciò l'abbiamo usata lo stesso.

۞۞۞

Una donna che esce la sera potrebbe truccarsi qualche ora prima in modo che il trucco si amalgami con la sua pelle. È lo stesso con le emozioni. Un attore deve dormire con loro in modo che il mattino seguente gli appartengano. Quando il sentimento è giusto e il dialogo è avvincente, la recitazione diventa davvero credibile.

۞۞۞

L'allenatore di una squadra di calcio conosce le capacità di ognuno dei suoi giocatori e già prima del fischio d'inizio pensa ad una formazione che gli consenta di sfruttarli al meglio. Ma quando comincia la partita, si siede in disparte e osserva. Può accendersi una sigaretta e godersi il gioco oppure agitarsi e arrabbiarsi per quello che succede in campo. Durante l'intervallo può dare suggerimenti, tenere sotto controllo la situazione e apportare modifiche, ma il suo vero lavoro – selezionare i giocatori, trovare il giusto mix di talenti, ideare tattiche – è già stato fatto. I giocatori in campo hanno bisogno di quella libertà.

Per Dieci non c'é stato bisogno dell'interferenza del regista. Ho rinunciato a quasi tutto il potere e i privilegi di quel ruolo. Durante le riprese, a volte ero sul sedile posteriore dell'auto, messo in modo da non essere visto dalla telecamera e altre volte seguivo l'azione da un'altra macchina. Non sono mai stato un dittatore che sbraitava ordini. Mi sono invece limitato ad ascoltare, come farebbe qualcuno tra il pubblico che guarda il film dopo che è già terminato. Il ragazzo è stato lasciato libero di esprimersi e sembrava essersi completamente dimenticato sia della macchina fotografica che di me, ed era proprio quello che speravo accadesse. Di tanto in tanto suggerivo le battute a Mania attraverso un auricolare, motivo per cui a volte la si vede sistemarsi l'hijab. Questo mi ha garantito un po' di controllo, ma è stata la mia unica interferenza durante le riprese.

۞۞۞

Abbiamo fatto il provino a più di cento uomini per il ruolo del professore in *Qualcuno da amare*, diversi di loro avevano fatto film con Kurosawa e altri registi famosi. Alla fine ho scelto Tadashi Okuno. Lavorare con lui è stata un'esperienza incredibile. Per cinquant'anni si era guadagnato da vivere come comparsa e non aveva mai pronunciato una battuta di dialogo. Non volevo che si sentisse intimidito e gli ho detto che avrebbe avuto solo una piccola parte nel film, forse al massimo una pagina e mezza di dialoghi. Ogni sera gli consegnavo delle scene per il giorno successivo. Verso la metà delle riprese ha detto al mio interprete che il suo ruolo sembrava molto più grande di quanto avevo inizialmente suggerito e che forse non ero stato del tutto sincero. Sapeva di essere stato ingannato, ma era comunque cortese.

Il signor Okuno possedeva alcune caratteristiche simili al personaggio che avevo in mente, e il modo in cui ha interpretato la parte è un misto della mia visione e di come è lui realmente. Appena si infilò le pantofole, pattinò per quell'appartamento, che avevamo costruito sulla struttura di un edificio incompiuto, come se lo facesse ogni giorno da decenni. Mi ha detto che si sentiva a casa ogni volta che si sedeva alla scrivania. Mi sono complimentato con lo scenografo per il lavoro ben fatto e lui mi ha ringraziato per aver trovato un attore che si adattava così bene al suo set. Quando abbiamo finito le riprese, ho detto al signor Okuno che era stata un'esperienza meravigliosa lavorare con lui e che c'era un altro film che volevo girare in Giappone. Mi ha ringraziato educatamente e mi ha spiegato che, pur commosso dalla mia proposta, non voleva recitare nuovamente un ruolo da protagonista e avrebbe preferito tornare alla sua vita da comparsa. Fu Buddha a dire: "L'uomo saggio non brilla mai." Se qualcuno si mette in mostra, nessuno se ne accorge. Rimani nell'ombra e il mondo intero aprirà gli occhi. Il signor Okuno è l'ultimo samurai.

۞ ۞ ۞

L'artista riflette sulle esperienze strazianti senza cinismo, permettendoci così di trarre piacere dal dolore, di essere illuminati dalle avversità e dalle calamità. Rumi dice che se scegliamo di contemplare con grazia qualcosa di raccapricciante, possiamo percepirne la gloria. Tutto dipende dal modo in cui guardiamo le cose.

۞ ۞ ۞

La chiarezza è vitale. Non volete che il pubblico si senta stupido. Assicuratevi che sia tutto comprensibile. Incuriosite il vostro pubblico. Iniettate ambiguità. Create personaggi multidimensionali e situazioni complesse. Ma non lasciate mai nessuno confuso.

Vale sempre la pena tentare un esperimento.

Dicono che faccio film per bambini. In realtà ho realizzato un solo film per bambini, un cortometraggio intitolato *Colours*. Gli altri sono film che parlano di loro. Il fatto che così tanti dei miei film abbiano come protagonisti i bambini non significa che siano rivolti a loro come pubblico.

Un proverbio arabo dice che sono quattro le differenze tra un bambino e un adulto. Il bambino non ha istinto di possesso o di conservazione, non ha sentimenti di odio quando discute, non attribuisce importanza all'estetica e tende ad essere abbastanza smodato quando si tratta di esprimere le sue emozioni. I bambini,

in generale, hanno una visione più libera della vita. Non vogliono complicare le cose. Non hanno secondi fini e raramente sono consapevoli del loro aspetto e di come appaiono al mondo. Non giocano davanti alla telecamera. Non hanno bisogno di una tazza di caffè ogni mattina e non pensano ai soldi o alla fama. Non tengono conto delle convenzioni e delle tradizioni. I bambini ricordano agli adulti che dovremmo stupirci continuamente del mondo che ci circonda, che non dovremmo guardare la vita con tanta indifferenza, che dovremmo aprire gli occhi e goderci il momento. I bambini sono così ricettivi, così dispettosi, si esprimono sempre con sorprendente chiarezza. Fategli una domanda e ascoltate le loro risposte straordinarie. Mi ricordano i mistici sufi che vivono costantemente nel qui e ora. Ho imparato così tanto dai bambini. Insegnano indirettamente agli adulti come comunicare con le persone nel modo più trasparente possibile e come contenere il pessimismo. Riuscire a tenere la bocca chiusa può essere molto utile. Se non avessi lavorato con i bambini all'inizio della mia carriera, sarei diventato un tipo di regista molto diverso.

Per quanto riguarda il lavoro con i bambini come attori, riescono a portare sullo schermo una semplicità e un senso di ilarità molto genuini, se li lasci esprimere. Per ottenere le migliori prestazioni da un bambino, recitate con lui. Tornate bambini e riscoprite voi stessi, il vostro lato infantile, quella incoscienza, quelle sensibilità tramite loro. I bambini nei miei film sono stati tutti testardi e indipendenti, proponendo sempre idee più interessanti di quanto un Marlon Brando avrebbe mai potuto fare. Ma a volte non sapevano nemmeno di essere filmati. È così che ho potuto ottenere quelle performance. *First Graders* è pieno di interviste a bambini che vanno a scuola per la prima volta, catapultati improvvisamente in un mondo in cui sono vincolati da regole rigide. Quando i bambini sono arrivati in classe il primo giorno di scuola, una settimana prima dell'inizio delle riprese, hanno visto la lavagna, i banchi, le sedie e, bene in vista, una telecamera su un treppiede. Non abbiamo mai detto loro di non guardarla perché sarebbe stato il modo migliore per ottenere il contrario. Dato che si trattava di un ambiente nuovo per i bambini, la telecamera era solo un altro oggetto, il cameraman solo un'altra persona – una figura autoritaria – nella stanza. Abbiamo girato senza ciak, il che ha aiutato a mantenerli concentrati. Avrebbe causato problemi con la sincronizzazione durante il montaggio, ma ne valeva la pena. Quando i bambini parlavano, erano davvero loro a parlare, con la loro voce, senza il mio intervento.

La cosa più importante è che i bambini non si sentano giudicati da voi, i registi, che non vi sentiate più importanti di loro. Capiranno immediatamente se lo fate e non vorranno stare in vostra presenza. Akira Kurosawa una volta mi chiese come ottenevo certe performance dai bambini. "Sembrano così a loro agio davanti alla tua cinepresa," disse. Gli spiegai che non gli parlo mai con sufficienza, che cerco di non apparire il capo, che i bambini non sanno nemmeno che sono il regista. Per comunicare in modo efficace con un bambino, devi stare al suo livello e parlare nella sua lingua. Una volta stabilito il contatto, non è necessario ordinargli nulla. Lasciando che esprimano quello che vogliono in quel momento, ottengo quello che cerco. Lo stesso approccio può essere efficace per gli artisti profani e anche per alcuni attori professionisti.

۞۞۞

Per apprezzare qualcosa devo essere coinvolto. E solo la novità mi intriga. L'esperienza e l'apprendimento continuo catturano la mia attenzione. Sto ancora imparando. Certo che sì. È una ricerca che dura tutta la vita. State attenti ai giudizi definitivi.

۞۞۞

Gli artisti desiderano comunicare. Questo è ciò che li rende artisti. Si ammalano se non sono in grado di condividere i propri sogni.

۞۞۞

Sedetevi su una panchina in un parco pubblico e mettetevi a vendere dei veri quadri di Picasso per pochi centesimi. Vedete se riuscite a sbarazzarvi anche solo di uno. La maggior parte delle persone vuole semplicità quando guarda un film. Vuole qualcosa di immediatamente comprensibile. Si rifiuta di pagare per qualcosa che non capisce.

۞۞۞

Lo scopo indiretto della creazione artistica è quello di ritirarsi profondamente nei giochi infantili. È lì che sta la vera gioia. Non appena un bambino scopre qualcosa che vuole ottenere oltre il puro piacere del gioco stesso, nel momento in cui diventa competitivo, il gioco finisce. Nella migliore delle ipotesi, il lavoro artistico è un processo infantile in cui gli elementi dell'inconscio si mostrano, fino a sopraffare la coscienza. Riconnettersi con gli impulsi giovanili non è una scelta per un artista. È una necessità.

Sono felice che non ci siano adulti che mi dicano cosa fare. Ormai, quando passo del tempo con la mia famiglia e cominciano a parlare di questo e quell'altro, spesso mi congedo e raggiungo i bambini nell'altra stanza. Trovo che la maggior parte delle conversazioni tra adulti non siano interessanti. Il periodo più meraviglioso nella vita di un essere umano è l'infanzia, quando trovare anche le cose più minuscole diventa un processo di esplorazione radicale. È un peccato lasciarci alle spalle quei tempi così in fretta. Per la maggior parte delle persone, sfortunatamente, allontanarsi da quello stato di consapevolezza, anzi affrettarne la partenza, è la cosa più naturale. Con il passare degli anni e dei decenni, si rivelano le fasi della vita. All'inizio pensiamo di sapere tutto. Poi arriva un periodo di preoccupazione e dubbio, dopo il quale inizia una fase in cui cerchiamo attivamente di ritornare alle esperienze dell'infanzia. Questa terza ed ultima tappa è quella dove mi trovo ormai da un po' di tempo.

۞۞۞

Durante le audizioni racconto una barzelletta al potenziale attore e gli chiedo di raccontarla a qualcun altro. Sa reggere il gioco?

۞۞۞

Quando si tratta di scegliere gli attori, in genere bisogna affidarsi all'istinto. Una volta iniziato a girare, la prima ripresa è solitamente la migliore. Se dovete discutere di battute specifiche e di come dovrebbero essere interpretate, o se vi trovate a dover interrompere gli attori davanti alla telecamera, la spontaneità svanisce. Se dobbiamo fare più di tre riprese, se un attore ha difficoltà con il dialogo, se viene allontanato troppo da come è veramente, comincio a mettere in discussione il mio approccio. Nel momento in cui mi trovo accanto alla telecamera, guardando gli attori, dovrebbe essere chiaro come ottenere ciò di cui ho bisogno. Se non succede quasi immediatamente e in modo spontaneo, diventa l'occasione per fare delle modifiche. Faccio interrompere le riprese e rivedo quanto è necessario.

Chiunque può essere un attore, purché il personaggio che interpreta corrisponda sufficientemente al suo essere più profondo. Non potete cambiare radicalmente il modo in cui un non professionista affronta un ruolo, quindi assicuratevi di scegliere la persona giusta per il lavoro. Se l'attore con cui lavorate non è sufficientemente simile al personaggio che avete in mente, adattatevi e cambiate stile. Posizionate la telecamera e le luci attorno agli attori, non il contrario, poi sarete meravigliati da quante informazioni gli artisti non professionisti possano comunicare con così poco sforzo.

Lavorare con attori inesperti può essere arduo. La maggior parte deve essere trattata con delicatezza. È come una formula chimica. Troppo di un elemento e troppo poco di un altro e tutto ti esplode in faccia. Alcuni vogliono sapere se il personaggio che stanno interpretando è buono o cattivo, se verranno considerati una figura positiva o negativa. Rispondere in modo definitivo a questa domanda quasi certamente influenzerà il modo in cui affronta il ruolo, quindi cerco di non discutere dei dettagli. Non ci sono spiegazioni da parte mia, nessuna informazione superflua. D'altra parte, non crederete a quanto un casting azzeccato possa facilitare le cose. Gli attori non professionisti saranno anche in grado di interpretare solo loro stessi, ma alcuni lo fanno straordinariamente bene.

❂❂❂

Ogni personaggio di un film è importante. Non pensate che chiunque possa interpretare un ruolo perché non è da protagonista. Una brutta interpretazione, di qualunque durata, può influenzare ogni fotogramma nella mente del pubblico e lasciare il film incompleto. Non permettete che ci siano stonature.

❂❂❂

Qualcosa di quasi impercettibile – come l'improvviso e impalpabile battito di ciglia – può fare la differenza tra una buona e una cattiva ripresa, mi dà la giusta spinta per dirigere film e mi fornisce l'energia necessaria per continuare. Il pescatore fa progetti ma non sa mai esattamente quale sarà la sua preda. La rete è piena di sorprese. Mi rallegro quando l'inaspettato prende il posto della pianificazione. Curiosità, improvvisazione, casualità. Cerchiamo incidenti felici.

❂❂❂

Molte idee bussano alla mia porta, alcune con più forza di altre, ma la maggior parte scompare altrettanto rapidamente. Rimangono solo le più forti. Le mie prime idee per una storia a volte non occupano più di mezza pagina. Se riesco a sviluppare quei pochi paragrafi in tre pagine, inizio a sospettare che l'idea sia abbastanza solida per un lungometraggio. Ma quando una sceneggiatura diventa troppo dettagliata, se riesco a visualizzare pienamente le immagini e a sentire il dialogo fino al punto in cui sembra limitante, allora mi passa la voglia di trasformarla in un film, quindi potrei finire per passarla ad un collega.

❁ ❁ ❁

"Non posso farlo," mi disse il cameraman di uno dei miei primi film il terzo giorno di lavoro insieme. "Quando arrivo sul set devo sapere dove posizionare le luci. Ho bisogno di una sceneggiatura per le riprese." Non ne avevo una, quindi quella sera ho trascorso diverse ore a scrivere quali sarebbero state le riprese del giorno successivo. Per la prima sequenza avevo previsto un primo piano del personaggio principale, ma quando sono arrivato sul set il giorno dopo era chiaro che l'attore non era dell'umore giusto, quindi ho deciso subito di cambiare le cose. Il cameraman mi è stato grato quando gli ho consegnato il copione delle riprese, ma saltando la prima siamo tornati al punto di partenza. Era chiaro che non sarei mai riuscito a realizzare un film basato su un testo del genere. Le emozioni e i sentimenti che un attore prova in quel momento, mentre è sul set, interagendo con gli altri, mi preoccupano più di un'analisi dettagliata delle riprese preparate la

sera prima. La sceneggiatura non fornisce altro che una base su cui costruire. Diffidate dall'affidarvi troppo alle cose scritte.

Siedi in silenzio. Siedi semplicemente in silenzio. E troverai un'idea.

Non mi aspetto un grande ritorno dal mio lavoro, né sul piano finanziario né su quello critico. Sono stati scritti diversi libri sui miei film, ma non ne ho letto nessuno e non leggo le recensioni. Non direi mai che non mi interessa se alla gente piacciono o meno i miei film, ma posso dirvi che il fatto che apprezzino o meno le mie opere non influenza i miei sentimenti. Non ci rimango male quando qualcuno dice che non capisce qualcosa che ho fatto. Sembra che ci sia abbastanza apprezzamento per i miei film da convincermi che non sono del tutto incomprensibili.

Quando le persone sentono che ho vinto la Palma d'Oro a Cannes e vedono che i miei film non vengono proiettati nei multisala locali e che ad alcuni critici piace il mio lavoro, il loro primo pensiero è che il mio cinema debba essere estremamente contorto. Ma le loro aspettative vengono spesso ribaltate e rimangono sinceramente sorpresi quando vedono che il mio lavoro è in realtà piuttosto semplice. La scena in tutti i miei film che suscita più domande è l'inquadratura all'inizio di *Close Up* di una lattina che rotola lungo una strada. Quante teorie ho sentito su quel momento! La gente non mi crede quando spiego da dove viene questa immagine. Si aspettano qualcosa di terribilmente profondo, ma la verità è che davanti alla casa dove stavamo girando c'era una salita. Gli eventi importanti della storia si svolgevano all'interno e volevo rappresentare l'inattività dell'uomo che stava fuori. Ho creato una scena in cui faceva rotolare dolcemente una bomboletta spray vuota giù dalla collina. L'immagine mi piaceva e ho pensato che non avrei avuto molte altre opportunità per catturare uno scatto del genere, che sapevo avrebbe in qualche modo coinvolto il pubblico. Avevamo anche del tempo a disposizione e qualche metro di pellicola nella macchina fotografica. Una combinazione letale.

So da tempo di non essere adatto al mondo dei festival cinematografici, a quel genere di vita. Mettermi in mostra, dovermi pronunciare su degli argomenti, anche sul mio lavoro, è per me inquietante. L'idea di realizzare l'opera e poi metterla su uno scaffale, senza mostrarla a nessuno, di non spendere energie per presentarla davanti allo sguardo del pubblico, è piuttosto allettante. Allo stesso tempo, la cosa più bella, quando vado ai festival, non sono i film che potrei vedere ma la possibilità di incontrare qualcuno di nuovo. Il giusto incontro ha sempre il potere di rincuorarmi.

Posso capire se qualcuno esce venti minuti dopo l'inizio di uno dei miei film. Posso capire anche se qualcuno resta venti minuti dopo la fine.

Si dice che un regista dovrebbe avere una conoscenza di base, anche una certa esperienza, di recitazione. Sono d'accordo, anche se sicuramente non sono un grande attore e non mi sono mai sentito a mio agio davanti alla telecamera. Una volta mi sono filmato mentre giravo un film su degli scolari. Non è stato facile e ho deciso che non lo avrei mai più fatto. A causa degli occhiali scuri che porto sempre la gente diceva che sembravo un delinquente o un ispettore di polizia che interroga dei bambini, addirittura un mafioso. Ho fatto più videointerviste di quanto possa ricordare e sono apparso nei panni di me stesso in ognuno di essi, ma per me sono più interessanti le occasioni in cui ho recitato accanto ai personaggi dei miei film. Per *Il sapore della ciliegia* mi sono seduto in macchina a parlare con la persona accanto a me mentre lo filmavo, il che era una specie di recitazione. Ho finto di essere qualcun altro perché il mio compito era quello di trarre risposte autentiche dagli attori che potessero essere registrate e utilizzate in un contesto completamente diverso.

Kiarostami proietta diverse scene del film, il cui protagonista è un uomo di mezza età di nome Badii, interpretato da Homayoun Ershadi. Durante la ricerca di Badii per trovare qualcuno che lo assista nel suo suicidio, e nei suoi giri per Teheran e le colline fuori città, ha parlato con tre uomini di età e posizione sociale diverse: un giovane soldato, un seminarista e un anziano tassidermista.

Il film è stato realizzato in modo tale che Ershadi non incontrasse nessuna delle persone che salgono nella sua macchina. Rivedete il film e noterete che Badii non appare mai nella stessa inquadratura con quei tre personaggi. Ogni volta che uno di loro appariva sullo schermo, io ero dall'altra parte della telecamera, interagendo, suscitando in lui reazioni e linee di dialogo specifiche. Quando si vede Ershadi, stavo seduto sul sedile del passeggero, utilizzavo la telecamera – che era attaccata alla portiera – e parlavo con lui. Quando vedi uno dei tre uomini sul sedile del passeggero, stavo guidando, parlando e filmando. Eravamo solo io e l'attore in macchina. Non eravamo trainati da un rimorchio e non c'era nessuna grande troupe in attesa di saltare a bordo non appena l'auto si fosse fermata. A parte il tecnico del suono, che era sul tetto, tutti erano lontani e bevevano tè. Sapevo che era rischioso girare l'intero film da un numero così ridotto di angolazioni, ma non volevo mettere la telecamera sul cofano dell'auto. Quasi tutto *Il sapore della ciliegia* è un costrutto, una serie di riprese frammentate. Anche verso la fine, quando Badii scende dalla macchina e parla con il tassidermista, non li vediamo mai insieme nella stessa inquadratura."Come mai hai quell'aspetto nel film?" mi ha chiesto l'anziano attore dopo aver visto la sequenza in cui appare. "Sei così diverso da come ti ricordo." Grazie allo slancio del montaggio e alla forza emotiva della narrazione, il pubblico non lo considera mai un difetto e, a quanto ne so, la maggior parte degli spettatori non si accorge che non sta guardando una vera conversazione tra due persone.

Chiedete ad un non professionista di parlare davanti alla telecamera e si irrigidirà. Ma se quello che chiedete di fare è per lui interessante o impellente scorderà di essere in un film. La chiave è infondere fiducia in modo che l'attore, professionista o dilettante, si fidi di te, qualunque cosa accada. Parte del mio lavoro come regista è indurlo a fare ciò che è necessario. Alcune persone, se sanno esattamente cosa sta succedendo – che sto cercando di farli esibire – crollano di fronte alla telecamera. Ciò che faccio è insensibile e manipolativo? Forse, ma la manipolazione non è sempre una cosa negativa. È sempre stato un modo valido per catturare la verità su pellicola.

Per un paio di settimane prima delle riprese ho passato del tempo con Afshin Khorshid Bakhtiari, un operaio che interpreta la parte del soldato, e gli ho fatto fare alcuni lavoretti, pagandogli la cifra che chiedeva. Aggiustava la macchina, puliva la casa e annaffiava il giardino, cose del genere. Avevo bisogno di stabilire una connessione con lui, un certo livello di fiducia. Ogni tanto menzionavo il film che stavo girando e che lo avrei voluto coinvolgere, che c'era una parte per cui lo volevo, ma mantenevo una certa distanza, così da non dover rispondere a troppe domande. Mi chiedeva spesso cosa gli veniva richiesto, ma restavo sul vago. Infine gli comprammo un'uniforme, cosa di cui non era contento perché pensava che stessimo cercando di arruolarlo nell'esercito. Si rifiutò di tagliarsi i capelli, ma lo convinsi a farseli accorciare, e quando si sedette sulla poltrona del barbiere gli dissi di rasarlo a zero. Fondamentalmente non aveva alcuna comprensione del cinema, e nemmeno della regia. Quando si è trattato di filmare in macchina, ha visto la telecamera ma non ha capito bene cosa stessimo facendo.

Non è stato provato nulla. Gli ho detto che sarebbe stato pagato se fosse venuto in giro con me, rispondendo alle mie domande e parlando. Ho parlato spontaneamente, con la speranza che iniziasse ad appassionarsi alla conversazione. Poi, nel mezzo di una frase, quando abbiamo iniziato a parlare dell'argomento di cui volevo che parlasse, ho acceso la telecamera. Ha risposto con un dialogo basato sulle mie domande, ma sempre con i suoi sentimenti e pensieri. Le risposte erano le sue, anche se l'ho spinto a dire cose che pensavo sarebbero state utili per il film. A volte gli facevo la stessa domanda più volte, ogni volta dicendo: "Scusa, non ti ho sentito. Potresti ripetere?"

Gli ho parlato del lavoro per cui mi serviva solo quando ero sicuro di aver registrato tutte le sue battute per il film, a quel punto ho finto di confidarmi con lui, spiegando che volevo che mi aiutasse a suicidarmi. Si può vedere quanto si senta a disagio mentre l'auto si sposta sempre più su per le colline, lontano dalla città. Ad un certo punto gli ho parlato usando le poche parole di ceco che conosco, cosa che gli ha fatto fare un'espressione di totale confusione, poi gli ho chiesto di prendere le mie sigarette dal vano portaoggetti. Dentro c'era un grosso coltello ricoperto di succo di melograno, del colore del sangue. La sua reazione – quella paura sul suo volto – è genuina, così come lo è l'inquadratura di lui che scappa dall'auto. Mi sarebbe piaciuto avere qualche minuto in più per filmare la sua reazione a ciò che stava accadendo, ma se mi avesse visto cambiare bobina e fare di nuovo le stesse domande, probabilmente sarebbe stato un disastro. Non potevo aspettarmi la stessa reazione una seconda volta.

Ho incontrato Mir–Hossein Noori, che interpreta il seminarista, nel mio quartiere, dove c'era un seminario teologico. A volte, quando passo di fronte a quel cancello, mi fermo e faccio un gioco con stesso: immagino di fare un film che ha come protagonista la prima persona che lo attraversa. Ero lì, un paio di settimane prima dell'inizio delle riprese di *Il sapore della ciliegia* e guardavo attentamente attraverso lo stipite della porta, quando ho sentito una voce da dietro: "Scusate," disse Noori mentre passava portando un sacchetto di pane fresco. Ho capito subito di aver trovato il mio attore. Al momento delle riprese, era ansioso di parlare e di far conoscere i suoi sentimenti perché pensava che io volessi davvero suicidarmi. Ho proposto di parlare di alcune cose, anche se in ogni momento ha usato le sue autentiche parole. Sebbene Noori all'epoca fosse un seminarista devoto, pochi anni dopo sposò una donna svedese, divenne un regista e abbandonò gli studi religiosi.

Il vecchio – Abdolrahman Bagheri, un tassista – l'ho trovato sulle colline dove stavamo girando il film. "Cosa state facendo?" chiese. Mi sembrava ovvio perché trasportavamo tantissima attrezzatura fotografica. "Siete una banda di ladri," insisteva, "i soliti speculatori della città che vengono qui per misurare e spartire il territorio, per poi venderlo ai costruttori. Succhiate la linfa vitale da questa terra." Mi è piaciuto il tono e il modo in cui ci ha parlato e ho subito capito che lo volevo per il film. Gli ho chiesto se avrebbe lavorato con noi per i prossimi tre o quattro giorni, a partire dal giorno successivo. "Non posso," mi disse. "Devo riparare la macchina, le ruote sono completamente consumate." Allora dissi che gli avrei dato quattro pneumatici nuovi se fosse venuto con noi il giorno dopo per ripetere le cose che aveva detto. Quando se n'è andato, per precauzione l'ho fatto seguire dal mio assistente, nel caso in cui avesse deciso di non tornare. Bagheri invece tornò e accettò di partecipare al film, aggiungendo: "Ho parlato con mia figlia, che ha visto una tua intervista in televisione e dice che sei una persona importante." Bagheri era l'unico a cui avevo dato il copione. Gli piaceva molto, eccetto alcune pagine che parlavano di divorzio. Gli ho spiegato che le mie idee sull'argomento sono influenzate dalla realtà. "Questo non significa che dobbiamo parlarne." Allora ho buttato via quelle pagine. È importante capire quando tenere in considerazione le convinzioni più intime di qualcuno, quando hanno bisogno di essere ascoltate.

Bagheri aveva su di me un certo ascendente. Era come un climatizzatore umano, capace di spiegare la sua filosofia di vita – basata sul diritto di morire come espressione di libero arbitrio – in una maniera meravigliosamente concreta, portando una ventata d'aria fresca nel film. Bagheri e Noori toccano gli stessi argomenti durante le loro conversazioni ed entrambi provano empatia per il personaggio di Ershadi, ma mentre Noori racconta di non aver vissuto certe cose, e di conoscerle solo grazie ai suoi studi e alla contemplazione, diventa subito evidente che Bagheri è un uomo vissuto e ha una comprensione istintiva del mondo ottenuta attraverso l'esperienza diretta. Un libro inanimato ha meno impatto di qualcuno che sta davanti a noi, che ci parla e trae ispirazione dalle proprie gioie e lotte.

Ho ripreso prima il giovane operaio, poi ho guardato attentamente il filmato, dopo di che ho ripreso Ershadi, che completava il dialogo, mentre io restavo sul sedile del passeggero. Ho fatto lo stesso con gli altri due, poi ho messo insieme il tutto. Le riprese sono durate circa sei settimane, per me più del normale perché giravamo solo due o tre ore al giorno, sempre nel tardo pomeriggio, quando la luce del sole stava tramontando. Ascoltate attentamente e noterete pochissimi momenti in cui ci sono dialoghi sovrapposti. Ogni cosa è assemblata in modo molto preciso. Tutto quello che sentite è intenzionale, compresi i rumori della strada e le sirene.

Ho cercato qualcuno che interpretasse la parte di Badii per quasi un anno. Poi ho visto Homayoun Ershadi, un architetto professionista, fermo ad un semaforo a Teheran. Mi sono avvicinato alla sua macchina e ho bussato al suo finestrino. Ho trascorso sei mesi con lui prima di iniziare le riprese, durante i quali non abbiamo mai parlato del film in quanto tale, anche se di tanto in tanto discutevamo del suo personaggio. Volevo solo conoscerlo. Invece di chiedergli di leggere una sceneggiatura e

discuterne con me, gli ho mostrato una videocassetta di un'ora che io e mio figlio avevamo girato in cui guidavo su quelle stesse colline sopra Teheran, parlando spontaneamente alla telecamera, filmati contenenti molte delle idee finite poi nel montaggio finale. Ciò significa che quando abbiamo iniziato a girare non c'era bisogno di dire a Ershadi esattamente come avrebbe dovuto sentirsi o quali emozioni avrebbe dovuto esprimere. Tutto quello che doveva fare era riportare alla mente ciò che aveva assorbito da questo nastro, mettendosi nei miei panni. Ho potuto dirigerlo influenzandolo non attraverso parole scritte ma per mezzo di immagini e dialoghi parlati. Mostrargli il filmato lo ha aiutato a preservare una certa naturalezza. Non c'era bisogno per lui di adattarsi a un testo scritto che magari aveva imparato a memoria ma che non era mai riuscito a fare suo, per poi faticare a prendere le distanze.

Ershadi si è rivelato essere una persona piuttosto infelice. Quando gli ho chiesto per la prima volta se voleva essere nel film, ha detto che ne sarebbe stato felicissimo, ma lo ha fatto senza alcuna espressione sul volto. Mi resi conto che era già in sintonia con il suo personaggio. Durante le riprese ho fatto attenzione a non farlo eccitare troppo perché volevo che rimanesse in quello stato. La sua malinconia è stata vitale per il successo dell'attore e del film. Ho anche detto in giro cattiverie di cui ero certo sarebbe venuto a sapere. Una volta ho detto alla troupe che pensavo stesse facendo un pessimo lavoro e ho chiesto al tecnico del suono di fargli sentire una cassetta che avevamo registrato in cui esprimevo la mia finta insoddisfazione.

۞ ۞ ۞

Non so se avrò l'audacia di fare di nuovo un film come *Il sapore della ciliegia*. Semplicemente non ho più lo stesso coraggio. Mi piacciono particolarmente le inquadrature finali, appena prima che Badii entri nella tomba; lui che esce dalla macchina e si siede, con il paesaggio sullo sfondo, fumando una sigaretta. La scena dura in tutto due minuti e mezzo. Chissà se avrò il coraggio di rifare una cosa del genere. Il pubblico ormai è diventato impaziente.

۞ ۞ ۞

La reazione è importante quanto l'azione. L'immagine di qualcuno che risponde, anche silenziosamente, a ciò che viene detto può essere più significativa del contenuto del messaggio. Per questo motivo, recitare un dialogo scritto da me è noioso rispetto al guardare dei bravi attori che reagiscono a quelle parole. L'unica parte del processo di cui ho una conoscenza limitata, che non posso prevedere, avviene al momento della performance. Osservare le reazioni intuitive di un attore alle parole pronunciate da un altro è ciò che mi emoziona, molto di più qualche battuta provata e riprovata.

Il processo di trasformazione di un'idea in un'opera può essere lungo e piuttosto complicato. Il fardello più pesante non spetta al cameraman, al fonico o allo scenografo, e nemmeno al regista, ma all'attore. Nessun altro può trasformare una sceneggiatura in un film come chi recita. Ci sono molte decisioni importanti che non possono essere prese senza il contributo dell'attore. Se ti lasci dirigere dagli attori, e non il contrario, il risultato finale sarà più interessante. L'ho capito quando ho iniziato a lavorare con i bambini. Guidateli con fermezza, ma lasciate che siano anche loro a guidarvi. Da regista, una delle cose più importanti che ho imparato dal tempo trascorso con i bambini è stata riuscire ad adattarmi a lavorare in una serie di circostanze con sviluppi imprevedibili. La rigidità è nemica della spontaneità e dell'immaginazione.

❁❁❁

Nelle audizioni misuro la fiducia degli attori non professionisti. È importante sapere se qualcuno sarà in grado di fornire ciò di cui ho bisogno, se sarà in grado di esibirsi sullo schermo. Ci sediamo e parliamo, poi accendo la telecamera senza che lui lo sappia. Dopo qualche minuto, quando io e lui siamo assorbiti nella conversazione, faccio finta di accendere la telecamera. Più tardi, quando guardo il nastro, se non c'è differenza tra il momento prima e quello dopo che è stato azionato il finto interruttore, c'è la possibilità che questa persona riesca a ignorare il meccanismo della produzione cinematografica ed essere se stessa sullo schermo. Come nella vita reale, quando si tratta di selezionare gli attori si capisce subito chi è un perditempo.

❁❁❁

Un personaggio può sembrare più interessante se lo vediamo solamente al buio?

❁❁❁

Mi piace guardare le persone e immaginare cosa sta succedendo nella loro mente.

❁❁❁

Con il cinema arrivano le sfide della produzione, della ricerca delle location, dell'investimento di tempo nel casting, del mettere insieme una troupe. Dietro ogni angolo c'è un'imboscata. Tutto sommato, è un miracolo che qualcosa di diverso dal prosaico finisca in un film finito. Se riesci a realizzare anche una sola immagine poetica, considerati fortunato.

❁❁❁

Se volete ottenere una performance credibile da un attore, dategli qualcosa da tenere in mano. Distraetelo dal suo dialogo. Con qualcos'altro su cui concentrarsi, qualcosa di fisico, le battute escono in modo più naturale.

Nella sequenza di apertura di *Dov'è la casa del mio amico?* c'è un vero insegnante che parla a una classe di veri studenti. Ho trascorso qualche giorno con lui prima di girare la scena. Nonostante avesse un aspetto piuttosto austero quando camminava per i corridoi della scuola, si è animato quando ha iniziato ad interagire con i bambini della classe. Era affascinante guardarlo, sembrava un attore bravissimo capace di interpretare un unico ruolo: quello dell'insegnante. Ma purtroppo di fronte alla telecamera tornava ad avere un aspetto austero. Era a suo agio in classe, ma la mia presenza era un problema sia per lui che per me, perché non potevo dargli indicazioni davanti ai bambini. Ho dovuto rispettare la sua posizione di autorità e portarlo fuori per dirgli alcune cose, spezzando lo slancio delle riprese. Per farlo rilassare gli ho dato da fare di tutto, per esempio giocherellare con la porta in modo che non restasse chiusa, il che significava che doveva continuare a camminare avanti e indietro. Nel film, appena entra nella stanza, butta a terra il pezzo di carta che ha in mano, si avvicina a chiudere la finestra, poi si toglie la giacca.

Di tanto in tanto, devi essere più che machiavellico. I volti dei bambini sono la prova che non stanno recitando in quella scena. Stava succedendo qualcosa di più serio. Avevo bisogno che Ahmad Ahmadpour, che interpreta Mohamed, recitasse delle battute specifiche mentre piangeva, quindi una settimana prima di girare la scena ho chiesto a uno dei miei assistenti di scattargli una foto e di dargliela. Era emozionato e contento di poter avere questa

Polaroid. Tutti gli fecero i complimenti, dicendogli quanto fosse bello e quanto avrebbe dovuto esserne orgoglioso. Gli ho detto di tenerla stretta e di non permettere a nessuno di scattargli un'altra foto. "Non farla vedere a nessuno," dissi. "La vorranno tutti." Senza che il bambino venisse a saperlo, ho chiesto al fotografo di scattargli un'altra foto e di rassicurarlo, dicendo che il signor Kiarostami non ne sarebbe mai venuto a conoscenza.

Un paio di giorni dopo, sono andato da Ahmad e gli ho detto che sapevo che si era lasciato fotografare. "Non lasciare che accada di nuovo," gli ho detto. Lo abbiamo fatto una seconda volta, il che significava che ora c'era una terza fotografia, e il fotografo aveva detto ad Ahmad di nasconderla tra le pagine del suo quaderno. Quando ho affrontato il ragazzo e ho trovato la terza foto, l'ho strappata davanti a lui. Ha cominciato a piangere e con la macchina fotografica accesa gli ho detto: "Quante volte ti ho detto di non farti fotografare da nessun altro?" Ahmad, tra le lacrime, rispose: "Tre volte." Ho sostituito la mia voce con quella dell'insegnante che chiedeva: "Quante volte ti ho detto di scrivere i compiti sul quaderno?" La mano che vedete nella scena è la mia, non quella dell'insegnante. In quel momento non era nemmeno nella stessa stanza.

Questo è il tipo di comportamento subdolo con cui mi convinco che sia tutto per una buona causa. Finché il film è degno, il fine giustifica apparentemente i mezzi. Pochi giorni dopo, abbiamo scattato tantissime foto di Ahmad e gliele abbiamo regalate, cosa che lo ha reso molto felice. I bambini sono davvero resilienti.

❂❂❂

Abbiamo girato *Dov'è la casa del mio amico?* in una zona fuori mano, lavorando con bambini che non avevano mai visto un film, questo ha reso il lavoro relativamente facile. Ormai ci sono schermi televisivi e telecamere ovunque. Basta pensare ai bambini in *ABC Africa* che fissano l'obiettivo e saltano su e giù per la gioia, entusiasti nel sapere di essere ripresi, per comprendere l'influenza onnipervasiva dell'immagine in movimento. Chi non conosce una telecamera non la teme perché non le attribuisce alcuna importanza. Realizzare *Dov'è la casa del mio amico?* e *ABC Africa* oggi sarebbe molto più complicato.

❂❂❂

Se c'è qualcosa di enigmatico e stimolante nei miei film, è enigmatico e stimolante per tutti, non solo per chi non è iraniano.

❁❁❁

Non scrivo molto prima di visitare i luoghi in cui intendo girare. Se sto pensando ad una scena che richiede una porta che un personaggio deve attraversare, per prima cosa trovo un luogo che contenga una vera porta, poi mi comporto di conseguenza. Il casting di quella porta è importante quanto quello degli attori. Il luogo delle riprese, gli spazi attraverso i quali si muovono gli attori, sono importanti quanto qualsiasi altra cosa.

❁❁❁

Nell'ultima inquadratura di *Dov'è la casa del mio amico?* l'insegnante di Ahmad trova un fiore sul suo taccuino, il fiore regalatogli dal vecchio la sera prima. Quel momento ha sempre un forte impatto sul pubblico, come l'ha avuto su di me quando ho pensato a quella scena per la prima volta. Ho iniziato a pensare al film perché mi ero ferito alla mano, perciò dettavo le mie idee a un amico, che non riusciva mai a stare al passo e mi pregava sempre di andare più piano. All'improvviso ho pensato all'ultima inquadratura del fiore. L'immagine è apparsa nella mia mente. "Presto," dissi al mio amico: "Scrivi tutto! Presto! È importante!" Ogni volta che vedo quell'immagine, non riesco a smettere di sorridere.

❁❁❁

Boris mette in pratica le idee di Kiarostami. Con il nipote di sette anni, Erik, come attore principale, crea una storia su un bambino che vuole essere pagato per poter utilizzare un ascensore pubblico, da girare nel quartiere in cui vive. Boris sceglie Presley, un altro partecipante al workshop, per interpretare quello che alla fine butta Erik fuori dall'edificio. Per la scena madre, quando Presley insiste perché il ragazzo se ne vada, Boris filma solo le battute di Presley. Non gira la macchina da presa per riprendere le reazioni e i dialoghi di Erik perché ha già passato la mattinata a fare i primi piani necessari al ragazzo. Ponendo a Erik domande totalmente estranee al copione, ha già ottenuto con molto anticipo delle reazioni sincere alle battute di Presley, con l'intento di inframezzarle alle sue domande.

Dovrei ringraziare molti di voi per non aver girato i vostri lavori con la camera a mano. Dio benedica i registi che usano il treppiede.

Non sento per niente bene dall'orecchio destro. Questo piccolo problema può tornare utile perché posso volgere l'orecchio cattivo in direzione di mia madre quando mi assilla. È bello poter bloccare certe cose, avere il controllo su ciò che sento come su ciò che vedo.

L'iride del mio occhio sinistro non si chiude mai e lascia entrare troppa luce. Non riesco a non vedere. Non mi tolgo gli occhiali scuri per nessuno. Ormai non mi si riconoscerebbe.

Chi ama la vita non può fare a meno di riflettere su ciò che verrà dopo. La morte ci permette di impadronirci di essa, di assumerci la responsabilità della nostra esistenza. Il desiderio di farla finita ha attraversato la mente di molte persone, compresa la mia. Ogni mattina ci poniamo la stessa domanda: perché dovrei vivere? Non scegliamo la nostra razza, nazionalità, religione, padre, madre o il colore della nostra pelle. L'unica cosa che possiamo scegliere liberamente è se vogliamo vivere o meno. La possibilità del suicidio è la nostra unica vera libertà, una via d'uscita da questo mondo. Se non esercitiamo questa libertà è perché – nonostante tutte le difficoltà – abbiamo deciso di restare in vita. Quando accettiamo il fatto che abbiamo scelto di vivere e facciamo i conti con questa libertà, viviamo più serenamente. La filosofia e l'arte ci insegnano che la vita non ci viene imposta, ci viene offerta. Ci è stato consegnato un biglietto d'ingresso, ma anche un biglietto d'uscita, che teniamo piegato in un taschino. Se non ti piace uno dei miei film, sei libero di prendere la porta con scritto "USCITA." A quanto pare Nietzsche diceva che se qualcuno si trova accanto a un pozzo e si sta per buttare, dovremmo dargli una spinta, per il suo bene.

La struttura di *Il sapore della ciliegia* è tratta da una poesia persiana su una farfalla che vola attorno a una candela, avvicinandosi sempre di più alla fiamma finché non brucia. Nel film, Badii va in giro con la sua macchina finché non cade nella fossa che si è scavato da solo. La trama è stata ispirata anche dalla storia di un uomo inseguito da un leone: per salvarsi è costretto a buttarsi da un dirupo, ma rimane impigliato tra le radici di una pianta che cresce sul fianco della montagna. Si ritrova tra l'enorme abisso sottostante e la bestia feroce che lo insegue dall'alto. Proprio in quel momento nota due topi, uno bianco e uno nero, che rosicchiano le radici a cui è appeso. Nel mezzo di questa situazione allarmante vede una fragola che cresce tra le rocce, e in quella situazione precaria, carica di pericolo e incertezza, allunga la mano, raccoglie la fragola e la mangia. Quando ci siamo svegliati stamattina, la nostra morte era più lontana di quanto non lo sia adesso. Fai tutto ciò che puoi per goderti la vita.

Il mondo sopravviverà a ognuno di noi. Quella foglia posata sul ramo dell'albero un giorno verrà spazzata via dal vento. Uno scrittore si è recentemente suicidato in Iran. Il suo corpo è stato trovato in una foresta, appeso ad una corda. C'era una foto. Guardandola da un'altra angolazione potresti vedere il mondo: gli uccelli, la natura, la bellezza che continuano ad esistere come se nulla fosse. L'eterno dura. Siamo transitori. Tutto il resto è vanità.

Non voglio sentire frasi come: "se una telecamera è disponibile" da nessuno. Assicuratevi che sia disponibile. Uscite e usatela. Ognuno di voi dovrebbe portare in questa stanza, ogni giorno, una scena di cinque minuti creata con due o tre attori, improvvisando o utilizzando una sceneggiatura, o entrambi, filmata con una sola telecamera, girata in tre ore e montata in quattro. Oppure porta semplicemente del materiale non ancora montato per mostrarcelo. Niente più scuse.

Alcuni di voi probabilmente hanno delle idee in mente ma non le considerano sufficientemente valide. Tra due giorni, senza un'idea migliore su cui lavorare, potreste ritornare alla vostra prima idea, quella che vi frulla per la testa in questo momento. Lasciate che ve lo dica: dovete continuare ad esplorare quell'idea immediatamente. Non lasciate che i vostri pensieri, la vostra infinita elaborazione del mondo che vi circonda, e le preoccupazioni su quanto sarà buono il risultato vi inibiscano. Questo piccolo film, questo esperimento, aprirà la strada a idee più articolate ed espressive. Uscite e fate una ripresa che vi piace, anche una sola immagine, e costruiteci attorno un film. Filmate qualsiasi cosa. Potete decidere in seguito cosa significa. Mettetevi al lavoro. Sottoponete ciò che create alla comprensione e alla coscienza solo in seguito. Uno scarabocchio illeggibile è pur sempre qualcosa. Usate questo tempo per scoprire se siete dei registi oppure no, se è il caso di consacrarvi a questa professione. Siete quelli che stanno al sicuro sulla riva e contemplano l'oscurità della notte, o siete quelli in mare, in mezzo al turbinìo delle correnti? Se questa settimana non scoprirete altro che la risposta a questa domanda, ne sarà valsa la pena.

In Iran, quando conduco questi laboratori, spesso viaggiamo fuori Teheran in gruppo. L'unica regola è che si parli solo del nostro lavoro, dei nostri progetti cinematografici. Non si parla di nient'altro. Se lo fate anche voi, oggi e domani, troverete nuove idee dietro ogni angolo. Voi, non io, siete il carburante per proseguire nelle prossime giornate. Non posso esservi d'aiuto se non sfruttiamo il tempo per andare verso direzioni precise. Se non portate materiale, non c'è nulla che possa dirvi. Il fatto è che sono qui anche per fare film. Durante questi workshop finisco sempre per realizzare almeno un mio film, ma poiché siete tutti ancora qui invece di lavorare fuori, non posso occuparmi del mio progetto, su cui sto ragionando ormai da un paio di giorni. Fate qualsiasi cosa, anche qualcosa che ritenete inutile. Meglio di niente. Se non avete intenzione di fare un film per voi stessi, fatelo per me. Voglio uscire da questa stanza. E mi rifiuto di uscire da qui a mani vuote.

* * *

In persiano, le parole per "slogan" e "poesia" sono simili. Ma, ovviamente, hanno significati molto diversi. Alcune persone trovano gli slogan politici più utili della poesia. Non è il mio caso. C'è onestà e sensibilità in una buona poesia. Ognuno di noi può ritrovarsi in essa. Gli slogan e le grida degli attivisti della politica sono vuoti. Come artisti, non fatevi coinvolgere dalla politica. Chi cade in questo errore sarà vittima dell'ipocrisia e dell'immoralità. Non farà altro che lamentarsi. La futilità del tutto diventerà subito palese. Sono le crisi politiche del nostro mondo che mi aiutano ad apprezzare le bellezze della natura, che è un regno completamente diverso e molto più sano.

Non rifuggite da ciò che temete sia un cliché. Un'idea, anche priva di originalità, può sempre essere riformulata in modo nuovo.

Ormai ho bisogno di molto poco. Da alcuni anni mi sto liberando di quasi tutto ciò che possiedo. Tutti i premi, i trofei, i certificati e i ninnoli che ho ricevuto stavano raccogliendo polvere in una scatola a casa mia, quindi l'ho consegnata al museo del cinema di Teheran. Tutte cose prive di significato, per quanto mi riguarda, anche se è meglio non essere del tutto sprezzanti verso queste cose. Dopotutto, alcuni di questi pezzi di metallo e pezzi di vetro portano con sé premi in denaro. A volte il denaro può essere utile nella mia attività. Siate gentili quando necessario.

Ogni volta che faccio parte della giuria di un festival cinematografico, prometto a me stesso che non lo farò mai più. Non ci crederete, ma dovrò partire proprio per andare ad un festival in qualità di giurato. Chissà perché ho accettato di andare? Forse perché mi piace viaggiare. Mi ritrovo ad abbandonare routine e abitudini quando esco di casa, il che è importante per me. Giudicare un'opera d'arte è un esercizio senza senso. Quali criteri e standard bisogna adottare? Per un sollevatore di pesi è la pesantezza dei pesi e per un corridore è il tempismo. Giudico un lavoro basandomi solo sui miei gusti. Mi ricordo di un festival in cui sentivo che un film era particolarmente valido. Volevo che vincesse qualcosa, e ha vinto un premio, ma nel momento in cui è stato annunciato il premio ho pensato: "Cosa ho fatto? E l'altro film?" È ridicolo paragonarli tra loro."

Vincere un premio può essere letale. Siate orgogliosi di riceverne uno, ma non dimenticate la sua futilità. Ricordo solo vagamente dei premi che ho vinto. Quando me li consegnavano ero lusingato, ma mi chiedevo se ne fossi davvero degno. L'adulazione porta a sentirsi vuoti, addirittura si può arrivare a provare sconforto.

Non c'è motivo di sentirsi orgogliosi se il vostro film viene scelto per essere proiettato a un festival e nessun motivo di vergognarsi se non accade. Chi più di voi può determinare il vero valore del vostro lavoro? Il grande dio del cinema potrebbe discendere e progettare un'opera meravigliosa, ma questo non garantirebbe il suo successo. Ciò che mi preoccupa è che le giurie dei festival impongono di prendere una decisione sul momento. Dover fare affidamento su una risposta immediata è un modo ingannevole di giudicare qualcosa. Ci vuole tempo per sviluppare una relazione onesta e significativa con un'opera d'arte. Se un film resta nell'immaginario comune per molto tempo, dà una prova inequivocabile della sua qualità, motivo per cui ogni volta dovremmo aspettare dieci anni prima di dare un giudizio.

Rumi parla di due tipi di studiosi: quelli che cercano il favore dei principi e fanno di tutto per compiacerli, e quelli che seguono il proprio istinto, cercano la verità fine a se stessa, e così facendo ispirano le persone con cui entrano in contatto. Non fate nulla alle condizioni di qualcun altro.

❂❂❂

Ci vuole più tecnica per raccontare una storia in cinque inquadrature che in venti.

❂❂❂

Lo sconcerto può emozionare più della comprensione.

❂❂❂

Non pioveva da alcuni giorni prima che lasciassi Teheran per venire qui. C'era la siccità. Non potevo farmi la doccia e ho finito per passare un'ora a lavarmi usando l'acqua piovana che avevo raccolto. Più tardi, quando finalmente sono riuscito a farmene una, è stato così piacevole che mi sono sentito come se fosse la prima doccia della mia vita. Non potermi fare la doccia per così tanto tempo ha permesso di apprezzare appieno l'acqua calda, che davo per scontata.

Quando qualcosa viene sottratto, la sua ricomparsa è accolta con maggiore entusiasmo. Rumi dice che il digiuno non è così terribile, perché rende tutto ciò che viene dopo di esso il sapore migliore che esista. In un film, l'omissione di qualcosa – la sua assenza e poi la sua ricomparsa – può avere un impatto più forte di una presenta costante. Cos'è la luce senza l'oscurità? C'è una sequenza in *ABC Africa* ispirata ai miei viaggi attraverso le zone più remote del continente. Lo schermo rimane buio per più di un minuto prima di vedere l'accensione di un fiammifero, poi di nuovo il buio, interrotto soltanto da un fulmine nel cielo. Alla fine vediamo degli alberi mossi dal vento. Quando non c'è niente da guardare, niente da vedere, ciò che finalmente appare ha un potere profondo. Scandite un silenzio prolungato con dei suoni e il pubblico presterà più attenzione. Quando guardiamo il nulla, sentiamo che qualcosa sta per manifestarsi davanti ai nostri occhi. Una pianta potrà non essere completamente fuori dal terreno, ma sappiamo che ci sono radici che crescono sempre più in profondità. Qualcosa lì sotto sta per emergere.

Una storia ricca di momenti distesi ci permette di apprezzare maggiormente quelli frenetici, motivo per cui i film americani hanno così poco impatto su di me. Tutto è in costante movimento, viene detto tutto quanto prima che si voglia saperlo. In *Il vento ci porterà via* succede ben poco durante il viaggio della troupe, questo crea una sorta di aspettativa da parte del pubblico,

"Qualcosa deve succedere," ci diciamo. Un uomo intrappolato in un pozzo (che non vedremo mai), diventa un evento importante. Crea un senso di vuoto e anche un solo momento d'azione può avere un significato enorme. Alcuni mesi fa mi trovavo in un edificio nel nord dell'Iran, dove ogni corridoio era stretto e senza finestre. Poi, dopo tre piani di questa uniformità, mi trovai davanti a un'ampia finestra che si affacciava sul mare e su un ampio e brillante cielo azzurro. È stata una visione che mi ha commosso moltissimo. L'impatto di questa finestra è stato ancora più forte a causa dei tre piani di spazi chiusi.

"Non mi lamento della tua assenza," scrive Hafez. "Non ci sarebbe alcun piacere nella tua presenza se non fosse per la tua assenza." Quando non vediamo qualcuno per un po', il suo ritorno sembra qualcosa di speciale. Guardiamo la natura e diciamo che è crudele quando c'è il buio o il freddo, ma l'alternarsi del caldo dell'estate e del freddo dell'inverno è ciò che rende la natura bellissima. Il disprezzo perde di significato se avulso dall'amore. Quando proviamo piacere nel contemplare un'alba, dobbiamo anche poter trovare la bellezza nei tramonti. Ci rendiamo conto dei momenti di tranquillità, ma è più evidente quando finiscono. L'intensità di cose come queste risiede nel potere del contrasto. Mostra uno spazio vuoto a qualcuno e diventerà immediatamente più ricettivo. Vorrà sapere chi o cosa lo riempirà.

۞۞۞

Mi piace l'inverno. Trovo che il freddo sia tonificante. Le altre stagioni arrivano a un ritmo molto più lento, ma una tempesta di neve – come un coup d'ètat di candore – cambia completamente un paesaggio. Il mondo perde i suoi dettagli quando è coperto di neve. Si rivela una nuova bellezza essenziale.

۞۞۞

La verità è in continua evoluzione e non può concretizzarsi in un film. Si nasconde nella natura delle cose. Ciò che fa il regista è esporre ciò che è nascosto, a modo suo.

۞۞۞

Sono nato in un paese perennemente inondato di luce. A volte la luce è "giusta," a volte "sbagliata." O forse dovrei dire "adeguata" e "inadeguata." Potrei attraversare lo stesso posto per novantanove volte e non vedere nulla di speciale. Ma poi, mentre attraverso una pianura per la centesima volta, la luce potrebbe renderla qualcosa di unico, anche solo per un attimo. A volte penso a come mi sentirei se potessi in qualche modo attenuare la luce del sole, se potessi abbassarla o regolarla, se potessi scegliere quanto renderla intensa.

❁❁❁

Se vedete un film e non vi piace un'immagine specifica che contiene, eliminatela dalla vostra mente. Concentratevi solo su ciò che vi piace. Una volta, mentre guardavo un film, c'era un'inquadratura in cui stavano accadendo molte cose. Mi sono concentrato su una di queste e l'ho inquadrata nella mia mente come se fosse un primo piano, il che ha reso l'intera esperienza più interessante. Create il film che volete vedere in base a ciò che offre il regista.

❁❁❁

Un regista a volte distrugge le sue idee piuttosto che lasciarsi guidare da esse.

❁❁❁

Farei film anche se nessuno li guardasse? Vi alzereste la mattina se foste le uniche persone sul pianeta?

❁❁❁

Adattiamo la nostra personalità pubblica a seconda del nostro interlocutore. Il proprietario della lavanderia del mio quartiere mi conosce come Ali Mouri. Ancor prima che gli dia i miei vestiti da lavare, alza gli occhi al cielo e dice: "Lo so, lo so. Deve essere tutto pronto oggi. Hai fretta." Mi conosce come un uomo disorganizzato sempre in procinto di lasciare la città, che quindi ha bisogno immediatamente dei suoi vestiti puliti.

❁❁❁

Immaginate un personaggio che soffre d'ansia. Quale immagine potete creare per rappresentare quell'emozione? Senza utilizzare il dialogo.

❁❁❁

Mi piace includere nei miei film quelle cose che di solito finiscono tagliate in fase di montaggio.

۞۞۞

Ognuno di noi vede Dio in modo diverso. Alcuni profeti evocano un Dio vendicativo e spietato, altri misericordioso. È quest'ultimo quello che ci è stato insegnato a scuola, quando abbiamo imparato a scrivere le nostre prime parole: acqua, pane, padre. Il Dio in cui credo da quando avevo cinque anni è compassionevole e gentile.

۞۞۞

Quarto giorno.

Un gruppo cammina con Abbas al museo dall'altra parte della strada dove si trovano due ascensori di vetro uno accanto all'altro.

È un buon posto per filmare. Portatevi una telecamera domani. Potreste filmare il meccanismo di questi ascensori, il loro continuo salire e scendere.

"Ora ci serve soltanto un'idea."

Giusto. Diamo un'occhiata all'ascensore del mio hotel.

Qualcuno chiede: "Per te il punto di partenza è una parola o un'immagine?"

L'immagine è alla base di tutto ciò che faccio. Un film composto da immagini è per me molto più interessante di uno con un narratore. Se un film è valido non puoi distrarti nemmeno per un secondo, o rischi di perderti qualcosa di importante. Quando cerchiamo di ricordare i nostri sogni, lo facciamo tramite immagini, non parole. Il concetto di Inferno e Paradiso è prima di tutto visivo, non verbale. Ci immaginiamo angeli e demoni prima di arrivare a carpirne il significato o la funzione. Se sentiamo un odore, lo trasformiamo immediatamente in un'immagine, come l'odore del pesce che ci riporta immediatamente a quella del mare. Quando penso ad una conversazione che ho avuto, i miei ricordi partono dalla persona, non dagli argomenti di cui abbiamo parlato, a prescindere da quanto fossero interessanti.

"Quale dei tuoi film è nato partendo da un'immagine?"

A volte ciò che mi spinge a raccontare una storia, che mi convince a fare un film, è un'immagine che ne racchiude il concetto. Il vestito per il matrimonio si basa sull'immagine di un bambino che innaffia dei gerani la mattina presto. *Dov'è la casa del mio amico?* nasce dall'immagine di un bambino che corre verso un albero e alla fine della strada si trova davanti una landa desolata. Mi è tornata alla mente per anni. Si può trovare anche nei dipinti e nelle foto che facevo in quel periodo. Era come se fossi inconsciamente attratto da questo paesaggio desertico e dal suo albero solitario, che ho ricostruito fedelmente nel film. Con *Dov'è la casa del mio amico?* ho riscoperto immagini del passato: una strada, un cane, un bambino, un vecchio. Ognuna di esse è stata utilizzata per il mio primo film: *Il pane e il vicolo*. Sono riapparse anni dopo. I cani che da bambino mi terrorizzavano sono rimasti sopiti nel mio inconscio. Queste esperienze tendono a volermi perseguitare alla prima occasione. L'idea di *Qualcuno da amare* è scaturita da un evento accaduto quasi vent'anni prima del film. Ero in macchina a tarda notte, a Tokyo, e ho visto una giovane ragazza in un vestito da sposa bianco, seduta sul pavimento, circondata da uomini in abito scuro che portavano delle valigette. Se avessi fatto una foto a quella scena probabilmente non avrei mai girato il film, perché grazie a questo ho potuto rievocarla nella mia mente per anni, rielaborandola fino a che non si è unita ad altre suggestioni.

"In principio era il verbo." Ma bisogna considerare chi ha parlato. Com'era vestito? Di che colore aveva gli occhi? Se tutto è cominciato con una parola, dove è stata pronunciata? Anni fa, bisognava scriversi da soli le sceneggiature per dimostrare di essere dei registi, perché ai produttori servivano delle garanzie. Oggi tutto costa meno e non vedo il bisogno di scrivere nulla. Possiamo dimostrare il nostro valore con i film stessi. Alla base della cultura persiana c'è la parola scritta, e non c'è dubbio che leggere e scrivere consentano di controllare i propri istinti. Ma perché un regista non dovrebbe cominciare da un'immagine? Esprimere pensieri e sentimenti senza le parole non solo è possibile ma va incoraggiato.

❁❁❁

Avevo qualcosa in mente per l'inquadratura finale di *Sotto gli ulivi* e ho cercato in lungo e in largo il paesaggio giusto. Quando l'ho trovato, sono tornato lì diverse volte per capire quale fosse l'ora con la luce migliore. Scoprii che era poco prima del tramonto. L'idea era di filmare da una grande distanza in modo da vedere Tahereh allontanarsi lentamente mentre Hossein la insegue. L'insormontabile differenza di ceto tra di loro faceva sì che Tahereh non riuscisse ad accettare un matrimonio con Hossein, inoltre i suoi genitori – quando erano ancora in vita – l'avevano rifiutato come genero. I morti possono esercitare una forte influenza in Iran. Quando qualcosa viene detto prima di morire diventa inequivocabile.

Durante le prove, li ho osservati mentre scomparivano verso l'orizzonte, come due macchie bianche che si uniscono. Siamo stati qui per venti giorni, in attesa del momento perfetto per avere la luce migliore, che durava circa quattro minuti ogni giorno. Ho guardato quel paesaggio bucolico per quasi tre settimane. Ero in una specie di trance, come se quello spettacolo avesse il potere di stregarmi. Lontano dalla città, dai costumi sociali, la scena si svolge all'interno di un mondo incantato che non conosce confini. Mentre la telecamera riprendeva, tutti i problemi del mondo reale scomparivano. Io stesso mi perdevo in fantasticherie, sperando che Tahereh potesse infine accettare la proposta di Hossein. Era un'occasione perfetta per liberarsi dall'ancora della realtà e, per un momento, seguire il percorso dell'immaginazione.

۞ ۞ ۞

Mi piace l'idea di fare un film senza titoli di testa o di coda, dove non c'è nessuna persona specifica che rivendica la propria partecipazione al film. Un compromesso sarebbe quello di mostrare al pubblico una lista di nomi alla fine del film, senza specificare chi ha fatto cosa.

۞ ۞ ۞

La fiducia in sé stessi è essenziale. Ma l'arroganza è sgradevole, uno dei tratti più spiacevoli. L'umiltà porta i suoi frutti.

۞ ۞ ۞

La poesia dovrebbe essere letta in maniera neutra, come un giornale. Lasciate che sia il mondo stesso ad esprimere i significati.

۞ ۞ ۞

Kiarostami siede assieme ad un gruppo di partecipanti al workshop nella lobby del suo hotel.

Non puoi entrare nel mondo del cinema esclusivamente attraverso la letteratura e la poesia, attraverso il regno della parola. L'apprezzamento e la comprensione dell'immagine sono vitali. Da regista, solo attraverso un'attenta osservazione del mondo si può raggiungere una vera definizione di bellezza. Se un fotografo vuole valutare l'evoluzione della sua sensibilità estetica, dei suoi gusti e sentimenti, appende le sue stampe al muro e le confronta. Faccio un film ogni due anni, ma scatto foto ogni giorno.

Il mondo ci bombarda continuamente con infiniti mosaici di composizioni e forme. La fotografia è un modo per aiutarci a distinguere le immagini eccezionali da quelle comuni. Ognuno di noi possiede due gioielli luccicanti – i nostri occhi – di inestimabile valore, ma che tendiamo a sottovalutare. La fotografia ci insegna come usarli. Ci illumina mostrandoci come vedere, come sviluppare le competenze necessarie per trovare le immagini più equilibrate e armoniose. Ci permette di immagazzinare nella nostra mente immagini a cui possiamo attingere.

Quando mi viene chiesto da quanto tempo mi interesso alla fotografia, rispondo che tutto è iniziato nel periodo in cui ho iniziato ad interessarmi alla natura. Il valore della pellicola sta nella sua capacità di mostrare le foglie di un albero che si muovono nel vento. Ma la fotografia ferma nel tempo un momento particolare, effimero, e lo immortala in un modo misterioso che il cinema non è in grado di riprodurre. La fotografia non implica semplicemente premere un pulsante e creare un'immagine statica. Si tratta di lasciare la città e addentrarsi nella natura, sfidando venti sferzanti, sopportando il sole accecante e cocente, immergendosi nella neve bianca, rimanendo assolutamente immobili e ascoltando l'oscurità, immergendosi nei raggi della luce lunare e guardando le stelle, vagando liberamente e lasciandosi travolgere da queste esperienze. Tutto questo aspettando pazientemente il momento giusto. È una forma di meditazione, come l'attesa di un pescatore. Il numero di pesci che porterà a casa non conta.

A volte sono costretto a scattare foto agli amici, ma raramente le mostro a qualcuno. In Africa, ho scattato foto alla gente per strada. C'era una forte connessione tra loro e l'ambiente. Fotografare paesaggi è il mio modo di condividere la bellezza con persone che non sono in grado di vivere da sole le meraviglie di queste cose. Quelle immagini sono un bellissimo regalo che posso fare: foto di un giardino, o di un deserto. Sarebbe una forma di tortura non poter scattare fotografie nella natura e mostrarle alla gente.

I miei anni da fotografo, che ho passato all'aria aperta, mi hanno insegnato molto su me stesso e sui miei veri sentimenti nei confronti del mondo. Quando guardo un albero in una delle mie fotografie, può sembrare felice e sano oppure solitario e triste. A volte ho la sensazione che gli alberi capiscano cose di me che la maggior parte degli esseri umani non capisce. Ibn Arabi ha scritto che l'albero è la sorella dell'uomo. Quando guardo le foto che ho scattato a distanza di anni, dello stesso gruppo di alberi, è

come se stessi fissando una fotografia sbiadita dei miei compagni di scuola. Lui è morto anni fa, lui è un famoso medico che non si è fatto sentire per anni, lui è stato sposato e divorziato due volte, invece lui è sempre impegnato con la sua famiglia, mentre lui non si è fatto più vedere dai suoi amici. Chi non apprezza gli alberi? Il loro valore è incalcolabile. Stanno dritti, perfettamente inseriti nel paesaggio, i loro possenti tronchi ci proteggono. Usiamo l'ombra che producono, quando il sole è troppo forte. Mangiamo i frutti che ci mettono a disposizione e usiamo il loro legno per tantissime funzioni. Respiriamo l'aria che creano. Siamo sepolti ai loro piedi. Sono creature davvero ammirevoli. Sohrab scrisse dell'olmo che offre gratuitamente i suoi rami ai corvi, ma non vende mai la sua ombra al miglior offerente. Ricordo che a Londra ero confuso dal fatto che potevo entrare in un museo gratuitamente, ma dovevo pagare per entrare all'orto botanico.

"Hai mai studiato fotografia?"

Sono autodidatta. Gli eventi politici del 1979 rallentarono il nostro lavoro di cineasti, così comprai una macchina fotografica e scappai. La città, il rumore, le persone, le turbolenze, gli spazi chiusi e la luce artificiale mi opprimevano ed era diventato sempre più difficile sopportarli. Allo stesso tempo, ho scoperto l'incredibile piacere di essere circondato dalla natura, in tutto il suo splendore ammaliante e magnetico. Cielo, alberi, acqua. Queste cose sono per me una sorta di sedativo, un'emancipazione, uno stimolo a sognare. Allontanarsi dal caos e dalla sterilità delle metropoli fortifica. Mi fornisce un'energia illimitata. La rigidità diminuisce e comincia il ringiovanimento. L'attenuazione dei sensi è esacerbata dalla vita cittadina, mentre la natura rigenera. Purifica e nutre. Il dolore dell'isolamento, dell'incomprensione da parte di chi mi è più vicino, quelle cose che possono sopraffarti quando sei in città, svaniscono quando decidi di uscirne. Lì posso diventare uno sconosciuto. La natura selvaggia è un balsamo che mi permette di sfogarmi. L'importante è riuscire ad immergersi nello spazio aperto, a vivere lo scorrere dei ruscelli, i pendii delle montagne, le radure fiorite e i fitti boschi, il tutto accompagnato, casualmente, da una macchina fotografica.

Basta vedere quanti film ho realizzato in zone rurali. Le storie ambientate fuori dalle città, lontano dalla vita urbana, hanno meno possibilità di incorrere nella censura in Iran. Ma c'è un'altra ragione più importante. La natura potrebbe non significare nulla per qualcuno nato in un appartamento e felice di vivere in città, ma ne dubito, perché sarebbe contrario alla vera natura umana. Il Paradiso non viene mai immaginato come una massa di edifici, ingorghi, inquinamento, folla e cartelloni pubblicitari. La strada che prendevo ogni giorno per andare a scuola era circondata da campi. L'immagine delle spighe di grano mosse dal vento, il suono delle cicale, sono tutti per sempre nella mia mente. Ogni giorno, mentre lavoravamo a *Il vento ci porterà via*, una volta finite le riprese, andavo nei campi e mi sentivo inebriato, come se riscoprissi sensazioni e uno spazio fisico da cui mi ero allontanato. Rumi scrive che coloro che si sono separati dalle proprie origini, coloro che sono estraniati dalla propria essenza, cercano di riavvicinarsi a queste cose.

C'è poca stabilità nella vita. L'attaccamento diminuisce man mano che invecchiamo. Il desiderio si dissipa. L'attrazione verso ogni cosa diminuisce. Il desiderio per ciò che una volta consideravo importante – amici, famiglia, cibo, beni – evapora. Non ho più lo stesso grado di preoccupazione per i miei figli che avevo una volta. Il mio appetito per il buon cibo e la compagnia degli altri non è più quello di una volta. Mi sento a mio agio nel lasciare tutto alle spalle. Ciò che ha finito per prendere il posto di tutto questo (qualcosa che non ho mai trovato interessante da giovane, che non riuscivo a capire), è il desiderio di distaccarsi dall'opulenza delle città, di unirsi al mondo esterno, di scrutare la sconcertante, roboante immensità del cielo sopra di noi, di contemplare il mutare delle stagioni, nei momenti in cui la natura torna a rivelarsi. Il pensiero di non poter più godere di tutto questo è l'unica cosa che mi fa temere la morte. Se potessimo portare la natura con noi, la mortalità perderebbe ogni significato.

Dipingevo, ma non mi sono mai definito un pittore. Non potevo definire il risultato finale del mio tempo trascorso davanti a una tela un'opera d'arte, era solo un dipinto che avevo fatto, indugiando su dettagli apparentemente insignificanti per chiunque altro. Vedrei tutto il mondo ma non riuscirei mai a dipingerlo. Farei paesaggi in stile iperrealista, ma ho sempre saputo che la fotocamera lo fa meglio. La natura sarà sempre una pittrice più efficace, capace di rappresentare il mondo in tutta la sua complessità. La rappresentazione fotografica della natura è incomparabile. A volte basta un clic dell'otturatore – una frazione di secondo – per catturare un attimo e renderlo eterno, mentre potrei impiegare venti ore per completare un semplice disegno o dipinto di un paesaggio. Le mie illustrazioni non hanno alcun valore intrinseco, ma quelle venti ore sono preziose.

Concentrarmi su un unico punto, soffermarmi su dettagli che probabilmente per tutti gli altri sono insignificanti, aiuta a chiarirmi le idee. È meditazione. La fotografia ha ormai sostituito per me la pittura. Preferisco la registrazione meccanica delle meraviglie naturali, con la quale il mio pennello non potrebbe mai competere.

A volte esco di casa all'una del mattino e guido per ore fino ad arrivare fuori città, per raggiungere luoghi in cui fotografare determinate immagini, come il sole nascente, che attendo sempre con gioia. Quando sei solo, faccia a faccia con la natura – quindi con te stesso – si rivela la purezza della fotografia. Nemmeno il suono dello scatto della fotocamera può spezzare quel silenzio. A volte penso che dovrei dedicarmi esclusivamente alla fotografia.

"Utilizzi una fotocamera analogica o digitale?"

Ormai soltanto digitale.

"Quando usi una macchina analogica sviluppi tu le pellicole?"

Sempre. Lo faccio lentamente, come se volessi assaporare a fondo quel momento di calma. É una parte importante del processo. Per me una fotografia ha valore soltanto se non viene modificata. Creo l'immagine che mi interessa nel momento in cui scatto la foto. Ecco perché la cornice bianca attorno ad una fotografia deve essere visibile: dimostra la sua autenticità. Ciò che conta è la prospettiva del fotografo quando si trova in mezzo alla natura, non le scelte fatte in camera oscura, che consentono di rimuovere ciò che non ci interessa. Quando lavoro con i corniciai delle gallerie a volte appendono le foto tagliandone qualche millimetro. "Niente di cui preoccuparsi." Dicono. Ma io so che manca qualcosa di importante.

۞۞۞

Un'immagine in movimento non consente una grande partecipazione rispetto ad una statica ben congegnata. La fotografia di una strada che si perde nell'ignoto spalanca una porta verso mondi sconosciuti. Anche vedere delle impronte nella neve stimola la nostra immaginazione. Siamo portati a pensare. Inventiamo una storia con la nostra mente. La foto è solo l'inizio.

۞۞۞

Certe poesie mi rendono insonne. La notte, mentre leggo illuminato da una fioca candela, odo il canto del passero.

۞۞۞

Le immagini orizzontali mi sembrano più piacevoli allo sguardo. Dopotutto, anche i nostri occhi vedono così. A volte vorrei essere nato con delle sbarre rettangolari attaccate alle pupille così da poter vedere sempre la sacra cornice. Cerco di evitare le foto dall'alto. La cosa migliore è fotografare le cose da terra, da un punto di vista umano.

❁❁❁

Comunico con i partecipanti a questi workshop allo stesso modo in cui interagisco con gli attori sul set. Non do istruzioni. O comunque non mi aspetto che le seguirebbero senza fare domande. Tutto quello che faccio è creare le condizioni migliori e l'atmosfera giusta per poi lasciare che ognuno si esprima.

❁❁❁

Non preoccupatevi se una delle vostre idee non funziona. Trovate un altro punto di vista da cui esplorarla. O semplicemente trovatene una nuova.

❁❁❁

In natura, quando si comunica con Dio, svaniscono tutti i problemi che affliggono la comunicazione tra due persone.

❁❁❁

Abbiamo girato *Il Coro* a Rasht, a un paio di centinaia di miglia da Teheran, e una volta terminate le riprese, la maggior parte della troupe è tornata rapidamente a casa. Rimasi solo a percorrere quelle stradine con i vecchi portoni di legno e i muri di cemento e intonaco ricoperti di muschio. Ho passato diversi giorni divertendomi a scattare fotografie, in perfetta armonia, senza dover discutere con cameramen, fonici e troupe. Per settimane sono stato vincolato dalla sceneggiatura, dovendo affrontare tutti i problemi inerenti alle riprese di un film. Ma ora potevo cercare, in perfetta libertà, emancipato da ogni interferenza, le immagini che volevo, e contemplarle.

❁❁❁

È una delle caratteristiche dell'arte che le forme possano e debbano rinnovarsi e, così facendo, progredire. La reinvenzione dell'antico è sempre accettabile. E, a volte, necessaria.

Una volta avevo un assistente che viveva con me. Si sposò e portò anche la moglie. Non uscì di casa per un anno intero perché trovava opprimenti i rumori e la folla della città. Alla fine, ho costretto suo marito a portarla fuori a fare una passeggiata nel quartiere. "Ti è piaciuto?" le ho chiesto, al loro ritorno. "No," disse. "Mi ha fatto male alla faccia."

La natura non è un'amante facile. Può sovrastarci in qualunque momento, ma allo stesso tempo ci rassicura. Quiete. Tranquillità. E allo stesso tempo inquietudine, ma diversa da quella che si vive in città. Il tempo trascorso nella natura è una sorta di rito sacro. Oggi per me la solitudine è più importante che mai. Mi ritrovo a combattere ciò che la città offre, e in questo il rispetto della natura – libera dall'uomo – è diventato un potente alleato. Il mio cuore diventa saldo quando sono all'aria aperta. Quando ci si rende conto di quanto siamo insignificanti di fronte alla grandezza della natura, che non abbiamo diritto a nulla, le aspettative diminuiscono. Si cambia prospettiva. Il desiderio di eccellere scompare.

Cammina finché non sei piegato sulle tue ginocchia, mentre ascolti ogni respiro. Poi siediti e leggi un libro di poesie. Rifletti sulla vita, sul tuo posto nel mondo. Liberati delle tue frustrazioni. Goditelo.

È tutta la settimana che soffro di mal di denti, perciò ieri sono andato dalla dentista. Sono rimasto bloccato nel traffico e sono arrivato tardi, ma per fortuna lei e la sua assistente erano ancora lì. In realtà era con un altro paziente. Stavo nella sala d'attesa, camminavo avanti e indietro, e improvvisamente ho sentito il suono meraviglioso di un flauto provenire dalla sua stanza. Poi la musica si è interrotta ed è uscito un signore elegante con una scatola nera sotto il braccio. Apparve la dentista e mi fece cenno di entrare. "Chi era quell'uomo?" Chiesi. "Un flautista che aveva bisogno di farsi limare un dente," disse. "Gli impediva di suonare."

۞۞۞

Se c'è un numero esatto di parole necessarie per raccontare una storia, è quasi sempre il numero più piccolo.

۞۞۞

La post-produzione di *Il vento ci porterà via* ha richiesto nove mesi. Io e il tecnico del suono non andavamo d'accordo, quindi se ne andò senza finire il lavoro. Dopo quattro o cinque mesi di fermo, il film sembrava ormai destinato a rimanere inconcluso. Ne avevo preso le distanze in modo così radicale e avevo represso così tante esperienze infelici durante la produzione che non volevo più averci niente a che fare. Se non fossi stato obbligato per contratto a consegnare il film completo al produttore, forse non avrei mai finito di montarlo. Alla fine, fortunatamente, mi sono riconciliato con *Il vento ci porterà via*. Per me è stata una importante lezione. Se la produzione di un film richiede troppo tempo, il suo creatore corre il rischio di perdere interesse. C'è un flusso incessante di altre idee – più fresche, più interessanti – che si fanno largo nella nostra mente. Finite sempre ciò che iniziate. E in fretta. Come si dice? La familiarità genera disprezzo.

۞۞۞

Filosofi e profeti tendono a prescrivere, ma le persone naturalmente resistono a questo tipo di istruzioni. Chi desidera farsi fare la predica ed essere umiliato? I poeti hanno un approccio più delicato e indiretto. Si limitano a suggerire come potremmo affrontare la vita, come altri lo hanno fatto prima di noi. Il miglior film è una parabola, che è una forma di insegnamento più gentile. Oltre che una forma di protesta.

۞۞۞

Un film in cui ci sono persone che fanno cose che non esistono nel mondo reale, cose irreali, mi interessa poco. I miei film mostrano persone vere, personaggi veri, personalità vere. È lo stesso con le mie poesie, in cui cerco di riflettere il mondo così com'è veramente, come se stessi fotografando un fiore. La poesia per me è la traduzione della vita reale in parole e immagini.

۞۞۞

Non scavate troppo in profondità nelle vostre idee e teorie. Presentatele semplicemente, per quanto informi possano essere. Lasciate che le immagini facciano il loro lavoro.

۞۞۞

Essere realistici non è necessariamente un'aspirazione utile. Essere sinceri lo è. L'interesse del pubblico non viene perso quando considera qualcosa di irreale, solo se è qualcosa di incredibile. Esplorare la realtà è il modo migliore per raggiungere la veridicità.

۞۞۞

Un'idea per un film che viene da Kuleshov. Almeno, penso che sia Kuleshov. Un uomo, seduto su una panchina del parco, che di tanto in tanto alza lo sguardo. Vediamo quello che vede lui: un bambino che gioca e sua madre che lo abbraccia. Torniamo all'uomo. Il bambino cade a terra e inizia a piangere. Inquadriamo di nuovo l'uomo. Un corteo funebre si muove attraverso il parco. Torniamo ancora all'uomo. La sua prima reazione verso il bambino e la madre è di compassione e affetto, la seconda è preoccupazione, la terza tristezza. Il punto, come sicuramente avrete capito, è che le tre immagini dell'uomo che legge il giornale sono esattamente le stesse. Il pubblico non può fare a meno di proiettare i propri sentimenti e le proprie interpretazioni. Una singola immagine trae significato da tutto ciò che la circonda.

۞۞۞

Una storia iraniana di capre al pascolo fuori da uno studio. I produttori all'interno decidono di adattare un libro per farne un film e ne danno una copia alle capre per fargliela mangiare. Il film è un flop, quindi i produttori buttano via anche le bobine. "Era meglio il libro," belano le capre.

۞۞۞

Una conversazione tra due partecipanti al laboratorio:

"Ero con il gruppo che Abbas ha portato al museo qua vicino. Stavo in piedi, osservavo un ascensore di vetro mentre andava su e giù e ho deciso di filmarlo. Quando ho finito, Abbas ha chiesto di guardare il filmato. Poi è rimasto a guardare lo schermo della mia macchina fotografica, e improvvisamente ha sbottato: "Voglio che torni in questo posto domani con tre attori e una telecamera. Crea una scena tra loro che segua un viaggio in ascensore ma che si concluda prima che raggiungano il fondo, lasciandola irrisolta." Ho fatto l'errore di dire che speravo di ottenere il permesso per filmare lì. "Permesso? Di cosa stai parlando?" disse, poi se ne andò."

"Sei tornato al museo il giorno dopo?"

"Non ho osato non farlo dopo quella conversazione, anche se non sono riuscito a trovare nessuno per partecipare al film, quindi ho finito per fare un sacco di riprese e le ho montate con uno stile sperimentale."

"L'hai mostrato ad Abbas?"

"Mi ha visto mentre lo montavo e mi ha chiesto se avevo trovato qualcosa di specifico da filmare. 'Non proprio,' gli ho detto. 'Il risultato finale è fondamentalmente astratto.' Alzò le braccia in aria e disse: 'Un'altra astrazione! Tutti qui fanno film astratti!' Scosse la testa e se ne andò. E la tua idea?"

"Il primo che ho presentato in classe era imbarazzantemente brutto, ma mi premeva cominciare a fare qualcosa. L'idea che ho avuto non era granché: ho ripreso un ascensore con una telecamera inclinata di novanta gradi, in modo che l'alto fosse la sinistra nell'inquadratura e il basso la destra. Abbas mi ha chiesto cosa avrebbe aggiunto all'immagine. Ha detto che era solo un espediente concettuale. A proposito, prima ho sentito l'interprete di Abbas parlare al telefono. Ha detto che fin dall'inizio ha alleggerito i suoi commenti, che Abbas è stato più sprezzante nei confronti delle nostre idee di quanto potremmo mai immaginare. Per esempio frasi come: 'Questa è un'idea inutilizzabile' sono diventate: 'Forse dovresti pensarci più a fondo.'"

❂❂❂

Ogni film ha bisogno di una logica interna, di una sorta di tema, di un elemento unificante, di un'idea che il pubblico possa portarsi via per ragionarci su. Senza qualcosa del genere, per quanto coerenti siano le vostre immagini e le vostre scene, risulteranno confuse e slegate. Per quanto possa essere emozionante una poesia, se non può essere applicata alla mia vita, se non ha un effetto su di me, perdo subito interesse. Una bella poesia è ancora più bella quando ha un significato. La forma fine a sé stessa arriva fino a un certo punto. Il mio desiderio è essere utile.

۞ ۞ ۞

Non penso mai consapevolmente alla forma del mio lavoro perché la forma deriva dal contenuto. O meglio, i due si compenetrano a vicenda. Non puoi mai separarli. L'uno porta direttamente all'altro. La forma è dettata dal contenuto. Considera le differenze tra le riprese a 35 mm e quelle digitali. La scelta tra i due non è predeterminata, dipende dalla storia che si racconta. Una volta che la storia è a posto, una volta che è abitata dai personaggi, la decisione su come rappresentare le cose sullo schermo – il mezzo di espressione, la forma – fluisce in modo naturale. E se la forma di un'opera d'arte è abbastanza interessante, se è originale e innovativa, il suo creatore non ha nemmeno bisogno di pensare al contenuto. Il contenuto è la forma.

۞ ۞ ۞

L'ubiquità non è indice di qualità. Guardate oltre ciò che vi offrono nei multisala. C'è molto altro da esplorare. Non permettete a qualcun altro di impostare i parametri, di dettare la conversazione. Non accettate nulla senza fare domande. Create il vostro sistema di valori. Scavate finché non trovate il tesoro. Non è quasi mai in superficie.

۞ ۞ ۞

Le nuove idee devono essere assorbite, non contrastate. Fare cinema è un'evoluzione continua, un apprendimento ininterrotto. Ma ammetto che alla mia età assorbo ben poco. Posso capire perché alcune persone indossano sempre le cuffie e si nutrono di musica, ma non ne ho bisogno. Ci sono già troppe cose nella mia testa, inclusa la musica, senza che io possa inserirne altre. Da giovane mi sono riempito la testa di così tante immagini e storie che da allora ho continuato a scriverne. Non ne ho utilizzato nemmeno un decimo. Ho a portata di mano materiale sufficiente per molte vite. La verità è che ormai non faccio più caso a queste cose. Voi, che siete tutti molto più giovani, non avete scuse del genere.

۞ ۞ ۞

Non capisco cosa stai dicendo. Dimmelo ancora, più lentamente, in venti parole o anche meno. E non borbottare.

۞۞۞

Quinto giorno.

La maggior parte dei partecipanti sta facendo il montaggio dei propri film nel seminterrato. Kiarostami sta conversando con Natia, una giovane e radiosa giornalista georgiana dai capelli ricci che sta scrivendo un articolo sul laboratorio.

I miei film hanno assunto toni sempre più leggeri nel corso degli anni. Forse col passare del tempo diminuisce il coraggio di affrontare argomenti pesanti, così come la mia schiena non mi permette di portare grossi carichi.

"Ieri mi hai detto che la solitudine è una condizione essenziale per l'artista."

Sì, ma il concetto di solitudine non ha necessariamente connotazioni negative.

"Sei un solitario?"

Forse sono solo, ma non soffro di solitudine. Condividere la gioia con qualcuno può essere splendido, ma ormai stare da solo non è poi così male. Posso camminare più velocemente per strada. Quando parlo di essere soli, non intendo necessariamente essere senza un partner. È più uno stato d'animo. Una delle mie poesie recita: "La luna è sola, il sole è solo, l'uomo è solo, la donna è sola, le coppie sono sole." L'amore dà sostentamento. Può ravvivare e rinvigorire qualunque cosa. Può essere bello, persino inebriante. Forse il vero valore dell'amore è che permette di abbandonare sé stessi. Ma l'amore porta con sé anche una forza distruttiva. La passione – verso l'oggetto d'amore – significa sofferenza. Raggiungiamo prima la nostra destinazione, ma ci sono più possibilità di essere portati fuori strada. È come gli steroidi che usano gli atleti. Quando si va in alto la caduta fa più male.

L'abbandono di sé comporta l'agonia. Una breve felicità può essere seguita da un dolore duraturo. Si dice che quando un uomo e una donna sono attratti l'uno dall'altra, tenendosi per mano, è come se due lottatori si stringessero la mano prima di un incontro. Si accettano gli inevitabili scontri, poi ci si gode l'avventura dell'amore. Per quanto mi riguarda, non sono deluso dall'amore, né ho perso la speranza. L'età mi ha insegnato a essere onesto e realistico su queste cose. Con l'avanzare dell'età, la cautela prende il sopravvento e il coraggio diminuisce. Quando ero più giovane era tutta un'altra storia. L'amore in gioventù è una cosa eccezionale.

Si dice che se non hai il coraggio di un leone, non conviene correre dietro all'amore.

Kiarostami guarda negli occhi spalancati della sua intervistatrice e indica la sua mano.

Ho notato che porti un anello d'oro proprio a quel dito, quindi mi chiedo se sei ancora in grado di fare quello slancio, se permetti di essere raggiunta dallo straordinario potenziale dell'amore. Hafez dice che la nostra fede in Dio può essere scossa da una bella donna. Avete letto le poesie di Omar Khayyàm? Adoro la sua intelligenza e sensualità, la sua brevità e precisione. Leggere le sue bellissime opere è come ricevere uno schiaffo in faccia. È una continua elegia alla vita nell'onnipresenza della morte, che ci spinge a considerare la condizione umana in ogni momento. Secondo Khayyàm, la vita passa così velocemente che ogni secondo è importante. Il nostro obiettivo dovrebbe essere un momento piacevole dopo l'altro, per vivere la vita appieno. Non dobbiamo rinunciare nemmeno a un istante in cui potremmo divertirci. Ecco perché Khayyàm elogia il vino e la gioia dell'ubriachezza che porta con sé.

Allo stesso tempo, c'è qualcuno che ha sperimentato l'amore senza pagarne il prezzo? La vera gioia viene solo da un cuore spezzato e dall'aver vissuto la sofferenza, dall'esperienza del dolore. La vera felicità non si troverà mai in una discoteca. Khayyam dice che non siamo in grado di apprezzare la vita finché

non abbiamo affrontato la morte e imparato a coesistere con essa. Le sue poesie ci mettono senza tante cerimonie ma con ottimismo di fronte alla fugacità della vita.

❂❂❂

Ritengo che separarsi dopo essere stati sposati per più di un decennio sia un buon risultato.

❂❂❂

L'amore di cui scrive Rumi – quello che arde dentro, che prende piede, che implica l'accettazione assoluta, che crea una connessione dolorosa con la persona amata, rendendoci impotenti, spingendoci lungo una strada di sofferenza e sacrificio – è diverso dall'amore beato e romantico che esiste tra due persone. All'amore romantico mancano le qualità mistiche dell'amore divino e insondabile di Rumi, della sua assoluta devozione verso l'ignoto, rispetto al quale altri tipi di amore sono freddi, volgari e vulnerabili. Per Rumi basta il solo fatto che l'amato possa creare in noi il desiderio di sperimentare l'amore, la capacità di amare, la sensazione di voler amare, di generosità e di donazione, di desiderio. La sua nozione di amore non richiede un'altra persona, solo il riconoscimento del mondo che ci circonda e il nostro abbandono ad esso.

❂❂❂

Ogni volta che un artista realizza qualcosa, durante l'atto della creazione, vive e muore. Durante la produzione di un film, l'ansia e l'insonnia cronica che provo – gli incubi e l'insicurezza, la paura del fallimento, le ondate di scetticismo – possono essere paralizzanti. Ma alla fine, una volta completata l'opera, qualunque sia il risultato, rinasco, sono di nuovo in grado di ricominciare da capo. La maggior parte delle persone vive solo una vita ma un artista ne vive molte. Ogni opera d'arte è un dono che ti divora. Prende tutto dal suo creatore, e alla fine dà la vita. La cosa meravigliosa è che posso vivere ancora e ancora mentre sperimento ogni volta un nuovo progetto, mentre imparo cose nuove. L'arte ti ruba l'energia, ma allo stesso tempo ti rigenera e ti allunga la vita. Ogni nuova opportunità di creare è un'opportunità per diventare di nuovo integri, per la rinascita.

❂❂❂

Parlare del mio lavoro non è facile per me. Non è che non sia disposto a farlo, ma non credo di esserne in grado. Una volta realizzato un progetto, il suo significato e le ragioni per cui l'ho realizzato svaniscono immediatamente. E perché non dovrebbero? Il prossimo progetto è sempre dietro l'angolo. Essere circondati da giornalisti è opprimente, come per un chiodo colpito da un martello, forse perché sembrano sempre porre il tipo di domande che ci si aspetterebbe da dagli psicoanalisti. Sono anche certo che poco di ciò che dico merita di essere ascoltato. Dover rispondere a domande sui miei film è la punizione che sopporto ogni volta che ne finisco uno e viene rivelato al mondo. Le anime dei cineasti sono fragili. L'invenzione dell'intervista esiste ormai da molto tempo, ma non mi ha mai reso felice prenderne parte. Mi sembra troppo simile all'agnello sdraiato accanto al leone.

۞۞۞

Ci sono pochi vantaggi nell'essere vecchi, uno dei quali è che ci libera da certe regole e impegni soffocanti. Se la morte è più vicina, quale punizione per i miei errori potrebbe avere senso?

۞۞۞

Troppi film hanno un punto di vista in costante cambiamento. Quando si filma una scena, sono preferibili gli angoli di ripresa fissi, e solo un numero limitato di essi. Da qualche giorno sono seduto qui, su questa sedia, in quest'angolo della stanza, che equivale a un'unica telecamera, un unico angolo, un unico punto di vista. Ci vediamo e ci sentiamo. Ci capiamo. Non c'è bisogno che uno di noi si muova.

۞۞۞

Anni fa vidi il film *Scene da un matrimonio* di Ingmar Bergman. Non capisco una parola di svedese e non c'erano sottotitoli. Quando sono uscito dal cinema, ho subito preso un altro biglietto e l'ho visto di nuovo. Anni dopo fu pubblicata la sceneggiatura tradotta. Dopo averla letta, mi sono reso conto che ciò che avevo immaginato sulla coppia era molto diverso dalla storia che Bergman stava effettivamente raccontando. Mi è piaciuta di più la mia versione.

۞۞۞

I calciatori giocano meglio in casa anche se le regole del gioco sono le stesse ovunque. Quando prendi un albero radicato nel terreno e lo trasferisci da un luogo a un altro, probabilmente i frutti che produrrà non saranno così gustosi. Il lavoro che svolgo al meglio è quello che faccio da casa.

❂❂❂

Mentre giravo *Il pane e il vicolo*, il mio primo film, ero sicuro che alla gente non sarebbe piaciuto, quindi ho continuato ad aggiungere musica, pensando che avrebbe intrattenuto tutti. Mi ci è voluto del tempo prima di rendermi conto che i miei film non hanno bisogno di musica, o almeno non tanto quanto la maggior parte degli altri. Sono il tipo di regista che presta molta attenzione a ogni dettaglio, compreso il minimo effetto sonoro, quindi non è facile per me avere qualcuno che scriva l'intera colonna sonora per uno dei miei film. Una volta ho commissionato della musica a un giovane compositore che mi ha dato diciassette minuti di buon materiale, ma ho faticato a incorporarlo nel film che stavo girando. Sperare che il suo lavoro si sarebbe adattato alle mie immagini era come credere in un matrimonio combinato, come se la porta d'ingresso si sarebbe spalancata mostrando la mia sposa ordinata per corrispondenza.

La musica è una forma d'arte stimolante che porta con sé una carica emotiva straordinaria. Può, in un sol colpo, eccitare o calmare. Può rendere il pubblico costantemente felice o triste, oppure confonderlo e farlo infuriare immediatamente. Preferirei che le mie immagini non dovessero competere con la musica, che è una delle imposizioni più consapevoli e significative che un regista possa dare. È come se fosse in piedi accanto allo schermo come un direttore d'orchestra, agitando le mani, chiedendoci di mostrare i nostri sentimenti, dicendoci quando è il momento di essere preoccupati, spaventati o sollevati. Ho fiducia nelle immagini dei miei film e non credo che abbiano bisogno di un tale supporto. Voglio che gli spettatori siano irrequieti alle loro condizioni, abbiano il controllo di ciò che assorbono, siano in grado di prendere una decisione. Scatenare emozioni è simile al borseggiare al buio, è un manipolare per i propri fini, un imporre un film preconfezionato sul pubblico. Questa intimidazione continuerà finché la tecnologia e gli effetti speciali, piuttosto che la mente creativa del regista – l'anima umana – saranno la forza trainante del cinema. Quanto può essere sovraccarico di informazioni un pubblico prima di potersi rilassare?

Pensate ad una carrellata complessa che vi porta a chiedervi come la telecamera sia arrivata dal cortile attraverso la finestra fino alla camera da letto. Stai seguendo la magia della telecamera invece della storia.

Sono – e sono sempre stato – una persona piuttosto irrequieta e impaziente. Fin da giovane mi sono convinto che la radice di ogni arte risiede nella curiosità, che nulla è predeterminato o prestabilito. Da bambino ero piuttosto timido, parlavo raramente e non ero un allievo particolarmente bravo a scuola, cosa che compensavo dipingendo. Durante le lezioni disegnavo spesso con le mie matite

colorate. Per me è stata più che altro una terapia, come se cercassi una verità naturale nel mondo dei colori. Disegnare mi rilassava e oggi, quando cammino nella natura con la macchina fotografica, provo la stessa sensazione.

La prima cosa che chiedono i bambini quando imparano a parlare è: "Perché? Chi? Cosa?" La maggior parte delle persone smette di porsi queste domande man mano che invecchia, ma io non l'ho mai fatto. Cercherei all'infinito delle risposte. Le giornate sono calde in Iran e da bambino, durante il pisolino pomeridiano, non avevo mai voglia di dormire, quindi diventavo un fastidio per chiunque volesse farlo. Ero sempre alla ricerca di qualcosa da fare e finivo per disturbare gli adulti mentre cercavano di rilassarsi. Uscivo in balcone e disegnavo, oppure scendevo nel seminterrato, mettevo insieme due pezzi di legno e piantavo un chiodo. Sento ancora il bisogno di tenermi occupato. Non riesco a passare un giorno senza avere qualcosa su cui lavorare. Quando incornicio una fotografia che ho scattato e la appendo al muro bastano pochi secondi per concentrarmi su qualcos'altro. Ad un certo punto ci si rende conto che non rimane molto tempo e che bisogna sfogarsi compulsivamente nel modo più rapido ed efficace possibile. Se mi alzo la mattina e non ho niente di urgente che mi tenga occupato, non riesco ad attivarmi. Quando non posso uscire per le riprese perché è venerdì sera e tutti sono fuori a divertirsi, e saranno impegnati per tutto il fine settimana, e non c'è nessuno in giro con cui lavorare, e non ho l'energia per guidare fuori città, dalla casa alla gloriosa foresta per scattare fotografie, mi sento inutile. È allora che prendo un libro di poesie o scarabocchio qualche mio verso o mi prendo cura della casa o dipingo o intaglio un pezzo di legno o organizzo le mie foto per una mostra. Devo fare qualcosa di utile.

Tutta questa attività riguarda la ricerca di un modo per comunicare, di scoprire nuove sfide, di esprimermi, di alleviare il mio occasionale senso di sconforto, di liberarmi di qualunque cosa si nasconda nella parte più profonda della mia mente. Non credo di aver mai trovato un'attività che mi soddisfi davvero. Probabilmente è la falegnameria quello che si avvicina di più.

❂❂❂

Non puoi creare vera arte con una telecamera nascosta.

❂❂❂

Se non fosse in grado di registrare le sottigliezze e le variazioni del volto umano, il cinema non sarebbe in grado di rappresentare la solitudine e la bellezza dell'uomo.

Perché hai filmato gli attori in piedi davanti a un muro? Apri l'inquadratura. Usa lo spazio fisico che li circonda. Inquadra qualcuno nel suo ambiente e scopri come queste cose possono contribuire alla storia. L'unico motivo per cui dovresti mettere gli artisti contro un muro è se intendi farli giustiziare.

La somma delle mie esperienze – i percorsi che ho intrapreso, poi abbandonato – mi ha reso quello che sono oggi. Ho rotto con la mia famiglia all'età di diciotto anni e sono stato costretto a guadagnarmi da vivere. Non avevo intenzione di diventare un regista. Tutto è successo per caso. Confrontarmi con quelle tele bianche alla scuola d'arte è stato un momento decisivo per me e mi ha spinto a iniziare a sperimentare con il design grafico, la fotografia e l'intaglio del legno. Mi ci sono voluti tredici anni per conseguire una laurea quadriennale perché ho continuato con il lavoro. Dopo la laurea, ho lavorato come pittore e grafico, disegnando copertine di libri e poster. Il mio compito era racchiudere l'intera storia di un film in un'unica immagine per la locandina. Quest'arte di compressione radicale si ottiene attraverso la semplicità e l'eleganza. Proprio come una poesia.

Un giorno sono andato nella più grande azienda della città che produceva spot pubblicitari e mi sono presentato come regista. Mi hanno chiesto di scrivere uno slogan per uno scaldabagno, quindi durante la notte ho composto una poesia. Ho immaginato un ambiente invernale, la prima nevicata, quelle strade fredde e innevate e le persone all'interno di una casa rannicchiate attorno a una stufa. Qualche settimana dopo stavo guardando la televisione e, con mia grande sorpresa, ho visto uno spot pubblicitario che conteneva la mia poesia. Mi hanno persino pagato per questo. Quello fu l'inizio della mia carriera da regista. Ho progredito poco a poco, scrivendo slogan e alla fine, nel corso degli anni, ho realizzato circa centocinquanta spot pubblicitari.

Quando mi guadagnavo da vivere come artista grafico e realizzavo spot pubblicitari, il mio lavoro era trasmettere tutto al pubblico nello spazio limitato di una singola pagina di rivista o di un corto di un minuto. È un'impresa notevole perché i punti deboli di un cortometraggio – che è ciò che è uno spot pubblicitario – non sono facilmente compensabili. Ogni elemento deve essere attentamente pensato. Non si può sprecare un solo fotogramma. Devi coinvolgere immediatamente il pubblico e prepararlo per ricevere un messaggio, trasmetterglielo, assicurarti che sia stato compreso, quindi portare il tutto a una sorta di conclusione, questo in soli sessanta secondi. Un inizio, uno svolgimento e una fine. Un pubblico mirato deve essere convinto ad acquistare un prodotto. La pubblicità di una banca deve essere così bella che chiunque la veda abbandoni immediatamente qualunque

cosa stia facendo e corra ad aprire un conto. Mi è stato detto che, anche se i miei film erano buoni, non lo erano quando si trattava di vendere.

Quando si crea un'immagine statica, si pensa molto alla progettazione del layout di una colonna o della cornice di una pagina, in modo che il lettore venga immediatamente attratto dallo spazio limitato. Gli occhi sono indirizzati attentamente dall'alto verso il basso e da un lato all'altro. Fare spot pubblicitari e progettare titoli è stata la mia scuola di cinema. Ho imparato a condensare i messaggi nella maniera più efficace e richiamare l'argomento creando qualcosa di universalmente comprensibile, il tutto con il minimo dei mezzi e il massimo dei vincoli. Le restrizioni, come al solito, sono servite da sfida.

Il primo film che abbia mai visto era su una striscia di celluloide che avevo tra le mani. A Teheran, quando ero giovane, c'erano negozi che vendevano pellicole al metro. Io e i miei compagni di scuola abbiamo comprato molti fotogrammi singoli che abbiamo tenuto in controluce e studiato, anche se non avevo idea di chi fossero tutte queste persone. Uno era di un uomo che aveva i baffi, i capelli ben pettinati e un grande sorriso. Anni dopo, ho capito che era Clark Gable. Raccoglievamo questi frammenti come francobolli, incollandoli negli album e scambiandoli tra di noi. Naturalmente abbiamo mantenuto i primi piani delle donne, tutti questi personaggi onirici di cui non conoscevamo i nomi. Abbiamo anche scoperto che le pellicole in nitrato erano estremamente infiammabili, quindi abbiamo inventato un gioco dove davamo fuoco a questi frammenti e li guardavamo volare via.

"La tua era una famiglia artistica?"

Non ricordo nulla di lontanamente culturale che accadesse nella casa in cui sono cresciuto. Non c'era nulla di specifico nel mio ambiente che avrebbe potuto spingermi verso una carriera nel cinema.

"Non c'era il desiderio ardente di diventare un regista?"

Fare film per me è nato dalla necessità di un lavoro. Niente di più. Nel 1969 il direttore dell'Istituto per lo sviluppo intellettuale dei bambini e dei giovani di Teheran, che possedeva anche un'agenzia pubblicitaria, vide uno dei miei film su una padella. Voleva avviare un dipartimento di regia e mi ha invitato a collaborare. Era un lavoro redditizio e all'epoca ero sposato, quindi accettai la sua offerta. Se avessi iniziato a lavorare in un posto che realizzava documentari, avrei fatto il regista di documentari. Mi sono rapidamente abituato alle facilità con cui avveniva la produzione cinematografica all'Istituto perché non ho mai dovuto cercare un produttore. Inizialmente ero l'unico regista lì e il mio primo film, *Il pane e il vicolo*, è stata la prima produzione del dipartimento di regia. Alla fine eravamo in sei o sette a girare film, ma dopo il 1979 tutti i miei colleghi partirono per l'Europa o gli Stati Uniti. Ero solo ancora una volta.

"Da bambino hai visto molti film?"

Avevo più gusto per il cinema dei miei amici, che ora sono uomini d'affari, medici e pittori. Mi piaceva il cinema come intrattenimento e raramente andavo a vedere un film per il nome del regista. I film di Vittorio De Sica mi hanno particolarmente emozionato, anche se va da sé che Sophia Loren ha avuto l'impatto più forte di tutti. Ha riempito il mio universo adolescenziale come nessun altro avrebbe potuto. La sua bellezza superava tutto il resto.

"E il cinema americano?"

Guardavo i film americani perché erano molto diversi da ciò che facevano i registi iraniani. Sono sempre stati pieni di personaggi – quei cowboy e gangster sempre armati – molto lontani dalla vita della maggior parte di noi e mi sono divertito a guardare quelle fantasie che venivano messe in atto. Ma è stato il neorealismo italiano a colpirmi davvero perché quella era la prima volta che vedevo persone – quei personaggi sullo schermo – così simili alle persone comuni con cui passavo le mie giornate. Era un mondo stranamente familiare per me. Rispetto ai film italiani, il cinema americano era estraneo alla nostra vita in Iran. Dopo aver scoperto il cinema italiano, ricordo di aver pensato che il mio vicino di casa potesse essere l'eroe di un film. La cultura iraniana è in qualche modo simile a quella italiana, e questo è probabilmente uno dei motivi per cui il neorealismo ha avuto un forte effetto su di me.

Una volta ho vinto il premio alla regia "Roberto Rossellini" e un giornalista mi ha chiesto se vedevo qualche somiglianza tra il mio lavoro e il suo, e quale dei suoi film mi piaceva di più. Non me ne veniva in mente neanche uno. La verità è che non mi sento di appartenere a nessuna scuola di cinema ben definita. L'imitazione non mi interessa e non ho mai capito cosa possa fare un artista per un altro, a parte chiaccherare e bere una tazza di caffè insieme ogni tanto. Se ci sono somiglianze tra i miei film e quelli di Rossellini – e forse quel trio formato da Dreyer, Bresson e Ozu – non hanno nulla a che vedere con le qualità formali del mio lavoro. È semplicemente perché guardiamo la vita allo stesso modo.

"Ci sono registi di cui apprezzi particolarmente il lavoro?"

A questa domanda può rispondere qualcun'altro. Molti dei miei interessi e gusti sono transitori, cambiano continuamente, quindi quando ti parlo di certi film o registi che mi piacciono, ti sto dicendo più di me che dell'opera in questione. Sono passati anni dall'ultima volta in cui sono stato uno spettatore entusiasta. Vedo pochissimi film ormai. A parte un breve periodo di molti anni fa in cui ho trascorso del tempo a Praga, probabilmente non ho visto più di cinquanta film in tutta la mia vita, e non c'è un solo regista che abbia avuto una forte influenza sul mio lavoro. Non sono più di venti le sequenze nella storia del cinema che trovo davvero significative.

Anni fa, una sera, mentre mi lavavo i denti, dal bagno della mia camera d'albergo, notai che in televisione trasmettevano *La Strada* di Fellini. Sono rimasto lì impalato e l'ho guardato fino alla fine. Qualche anno dopo, sono uscito da una proiezione de *La Dolce Vita* e non potevo fare altro che camminare per le strade buie, assorto nei miei pensieri. Non ho mai dimenticato quelle immagini finali, della riva del mare e della speranza che contenevano e nascondevano. Per un certo periodo mi sono interessato a Godard, anche se non ha mai influenzato direttamente il mio lavoro, e per un po' ho considerato Hitchcock un maestro, anche se oggi trovo i suoi film troppo artificiali e confezionati. Posso apprezzare quanto sia tecnicamente compiuto il suo lavoro, ma queste cose non mi impressionano più. Quando ho iniziato a fare film ho smesso di andare al cinema per non essere appesantito dalle suggestioni. Il cinema è prima di tutto una ricerca personale. Qualche anno fa ho tentato una riconciliazione con il cinema, ma non ne è venuto fuori nulla. Non ho il tempo o l'energia da investire nella visione di un film quando è probabile che non mi interesserà molto.

۞ ۞ ۞

Guardate un film con il cuore e sarete più indulgenti rispetto a chi lo guarda con la testa.

۞ ۞ ۞

La mia mente è come un laboratorio o una raffineria, e le idee sono il greggio. È come se ci fosse un filtro che convoglia le suggestioni più diverse in svariate direzioni. Mi viene in mente un'immagine e finisce per imporsi in modo così ossessivo che non trovo tregua finché non se ne fa qualcosa, finché non viene in qualche modo incorporata in un progetto. È qui che la poesia si rivela così conveniente e utile per me. Alcune delle immagini nella mia testa sono semplici, come qualcuno che beve vino da un bicchiere usa e getta, una scatola di fiammiferi bagnati in una casa abbandonata, uno sgabello rotto poggiato nel mio cortile. Ma altri sono più complessi, come un puledro bianco che emerge e poi scompare nella nebbia, un cimitero coperto di neve che si scioglie su sole tre lapidi, cento soldati che entrano nelle loro caserme in una notte di luna, una cavalletta che salta e si ferma, mosche che ronzano intorno a un mulo mentre avanza lentamente, un vento autunnale che soffia foglie dentro casa mia, un bambino con le mani annerite circondato da centinaia di noci fresche. Quanto tempo ci vorrebbe per trasferire quelle immagini su pellicola? Quanto sarebbe difficile trovare un soggetto per un film in cui queste immagini possano essere inserite? Ecco perché scrivere poesie è così gratificante. Quando lavoro su una poesia, il mio desiderio di creare un'immagine viene soddisfatto in sole quattro righe. Prese insieme, le parole diventano l'immagine. Le mie poesie sono come film la cui produzione non costa nulla. È come se avessi trovato il modo di produrre qualcosa di valore ogni giorno. Prima facevo passare anni tra un film e l'altro, ma oggigiorno raramente passa un'ora senza che faccia qualcosa di utile.

۞۞۞

La poesia tradizionale è radicata nel ritmo e nella musicalità delle parole. Le mie poesie hanno una qualità più immaginifica e possono essere trasposte più facilmente da una lingua all'altra senza perdere il loro significato. Sono universali. Vedo la poesia. Non necessariamente la leggo.

۞۞۞

Sarebbe falso affermare che la fama mi ha reso libero. Ero libero anche prima, ma nessuno lo sapeva.

۞۞۞

Oggi il problema non è più capire su quale progetto voglio orientarmi, è che a volte preferisco non fare nulla. Sedermi in silenzio, o camminare, pensare, da solo, è ciò che desidero. Forse si tratta di aspettare, anche se non saprei dirti che cosa. Forse si tratta di ricordare pensieri passati, di raccogliere e guardare tutte le immagini nella mia testa. Forse è per calmarmi. Non lo so. Quello che so è che il mio desiderio per questo stato di serenità è, a volte, travolgente.

۞۞۞

Alcuni mi chiamano "maestro." Non riesco a esprimervi quanto mi faccia sentire a disagio quella parola. Non ci farei caso, se non fosse che a volte finisco per esserne inibito. Un principiante ha davanti a sé un mondo di apprendimento ed esplorazione. Ma in quale direzione può muoversi un maestro?

۞۞۞

Sesto giorno.

I partecipanti al workshop si affrettano a completare i loro film.

Quando ho iniziato a lavorare presso l'Istituto per lo sviluppo dei bambini e dei giovani adulti a Teheran, non capivo davvero i bambini. Ciò che ha cambiato la mia prospettiva è stato crescere i miei due figli, che sono diventati un'opportunità per rivivere la mia infanzia. I bambini mi affascinano. Mi viene in mente che tutti nasciamo come esseri umani completi e solo quando cresciamo, poiché la società ci chiede di non essere noi stessi, iniziamo ad acquisire difetti. Emergiamo naturali e spontanei, poi decenni dopo moriamo come esseri innaturali. Come disse una volta qualcuno, non nasciamo come bruchi che diventano farfalle. Nasciamo come farfalle, poi diventiamo vermi.

۞۞۞

Sono l'ultima persona che dovrebbe mai parlare dei "temi" che apparentemente sono all'interno del mio lavoro. Non è il mio compito fornire dichiarazioni di intenti e non sono in grado di rispondere alla maggior parte delle domande sul significato del mio lavoro. Il mio lavoro è fare domande, non rispondere. Inoltre, voglio che ognuno abbia la propria interpretazione. Quando fu chiesto a Beethoven cosa stesse cercando di dire con una delle sue sonate, si sedette al pianoforte e la suonò ancora. Sono come uno chef così impegnato a preparare un piatto da non sapere nemmeno che sapore abbia. L'interpretazione del pubblico è ciò che mi emoziona più di ogni altra cosa, anche se non è quello che avevo in mente. Assaporate gli infiniti modi in cui qualcosa può essere contemplato. Non esiste un significato fisso. Le idee sulle mie immagini, sui miei film e sulle mie poesie non dovrebbero ricevere maggior credito solo perché sono io a esprimerle.

۞۞۞

Non decido in anticipo se i miei film si assomiglieranno tra loro, ma a volte, in qualche modo, è così. Quando ho parlato per la prima volta alla gente di *Il sapore della ciliegia*, ho detto che sarebbe stato diverso da tutto ciò che lo aveva preceduto. Poi, quando l'ho visto per la prima volta davanti al pubblico, mi sono reso conto che era parte di un tutto, di una serie di altri film che avevo realizzato. Un giornalista ha sottolineato che l'immagine di apertura di *Il vento ci porterà via* è una versione estesa dell'inquadratura di apertura del mio primo cortometraggio, *Il pane e il vicolo*. Un altro mi ha inviato un articolo su come appaiono i balconi nei miei film e sul modo in cui li riprendo sempre dalla stessa angolazione. Non ci avevo mai pensato, ma a quanto pare ha ragione. La stessa inquadratura appare in molti dei miei film. Forse ora che ne sono consapevole non lo farò più.

Ogni creazione è una proiezione di chi l'ha creata, riflette le idee, i sentimenti e le abitudini inconsce di chi l'ha realizzata. Queste creazioni sono in qualche modo autobiografiche. Forse facciamo tutti lo stesso film più e più volte. Mi nascondo in ogni fotogramma. Non c'è niente da fare.

۞۞۞

Andate avanti e basta. L'inizio è sempre il più difficile.

۞۞۞

I progetti non realizzati sono come libri di cui ho letto solo dieci pagine. Rimangono lì con un segnalibro sporgente e invitante, che mi ricorda quanto lavoro devo ancora fare. Una delle mie poesie recita: "Oggi, come ogni altro giorno, è stato perso per me. Metà l'ho passato a pensare a ieri, l'altra metà a domani."

۞۞۞

Sii gentile con gli attori. Le uniche persone che dovrebbero spostare fisicamente i corpi sono i burattinai. Raramente c'è una buona ragione per avvicinare la telecamera ai volti degli attori. Mantieni le distanze. Preserva la dignità dell'attore e la tua come regista.

ORPHAN

Quando ho visto per la prima volta *ABC Africa*, c'era qualcosa che non mi piaceva, ma non mi sono mai preso la briga di cambiarlo. Può essermi utile pensare ai problemi specifici che ho con i miei film. In effetti, mi piace guardare *ABC Africa* così posso ricordare a me stesso questo piccolo errore, correggerlo nella mia mente e assicurarmi che non accada di nuovo. Una delle mie poesie recita: "Perdona e dimentica i miei peccati. Ma non al punto che li dimentichi io stesso." È giusto che il nostro rifiuto per l'imperfezione svanisca nel tempo. Ma ciò non significa che non sia utile soffermarsi occasionalmente sui nostri errori.

Muoversi da un posto all'altro può aiutare a tenere la mente lontana da sé stessa. Le mie visite in Africa hanno lasciato una forte impressione. Ogni volta, mi sono confrontato con il bisogno schiacciante che i bambini hanno di amore e affetto. A volte, quando viaggio all'estero, mi chiudo nella mia camera d'albergo, mi sento malinconico e mi ritrovo a voler mangiare incessantemente, il che può essere debilitante. In Africa, ho sperimentato un forte desiderio di accedere e crogiolarmi nella vita vibrante di cui ero testimone. È l'unico posto fuori dall'Iran in cui ho sentito il bisogno irrefrenabile di scattare fotografie.

Con un film realizzato in digitale, una persona può essere interamente responsabile del risultato finale. Questa potrebbe essere una [illegible]finizione di ciò che possiamo considerare arte.

C'è una linea sottile che se[illegible]
la prima. Ben pochi la secon[illegible]ritica e denuncia. Tutti apprezzano
Quando si arriva a conc[illegible]
dettagliato, quando si è in grad[illegible]ualcosa in modo molto
e informate al riguardo, generalmen[illegible] dichiarazioni sincere
cosa in questione abbia bisogno di ess[illegible]a a credere che la
Chi arriva ad avere tanta familiarità co[illegible] [illegible]ta, migliorata.
ur[illegible] un'opera d'arte, persino una [illegible] un [illegible]
[illegible]peri di modificarlo in qualche modo, magari so[illegible]

LD
DO NOT SHIP
H1-0000000244
ISBN 9781942782667
CLIENT Alternate Sourcing
STATION TPP Receiving Station 03
2026-10-08 08:48
scan this
tion.

magari in modo abbastanza radicale, a volte pubblicamente, a volte privatamente?

❂❂❂

Io e i miei film stiamo andando verso il minimalismo già da tempo. Aspiro ad esprimermi nel linguaggio più semplice possibile, a spogliarli dagli elementi superflui. Gli elementi che possono essere eliminati sono stati eliminati. Tutto ciò che è ridondante viene scartato. Se la presenza di qualcosa ha poca importanza, si preferisce la sua assenza.

Troppo del cinema di oggi è fatto di cose inutili. Abbiamo bisogno di tutta quella musica e di quelle inquadrature? Voglio mostrare al pubblico solo l'assoluto essenziale. Milan Kundera ha detto che suo padre in letto di morte pronunciò solo due parole: "Che strano!" Tutto il suo vocabolario si era ridotto a quelle due parole. Le ripeteva incessantemente, non perché non avesse altro da dire ma perché erano la summa più adeguata delle sue esperienze di vita. I film come *Dieci* e *Five* sono stati realizzati con il minimo indispensabile di tecnologia e mezzi di produzione. Quelle telecamere statiche rappresentano il mio equivalente delle due parole del signor Kundera. Riassumono la mia esistenza come regista, il mio desiderio di limitare il potere persuasivo che deriva da quel ruolo, la mia speranza che ciò in cui il pubblico debba essere veramente assorbito sia la realtà, non la mia rappresentazione di quella realtà.

Con *Dieci*, anche a causa dei limiti di spazio in macchina, ho potuto cedere quasi tutti i poteri di regista ed evitare inutili intrusioni. Tutto quello che ho fatto è stato osservare e apprezzare quanto fossero fluidi ed espressivi gli attori quando sono così liberi. Quel film potrebbe essere il più vicino al genere di cose che mi aspetto da voi questa settimana. È stato girato interamente in digitale, in un'unica location, con la mise en scène ridotta a due inquadrature, con una troupe ridotta, quasi inesistente, e attori non professionisti. Con *Dieci* mi sono avvicinato a qualcosa a cui lavoravo da tempo: l'eliminazione del regista, il rifiuto di alcuni elementi su cui è costruito il cinema ordinario.

Ho voltato costantemente le spalle al tradizionale lavoro del regista e così facendo ho imparato ad offrire agli attori una gamma sempre più ampia di possibilità, motivo per cui tanti cameraman dicono che vizio gli attori. Il viaggio verso una situazione in cui agli attori viene data sempre più autorità, dove alla fine si può fare a meno del regista, è importante e divertente per me. Se mi lascio dirigere da un non professionista, e non il contrario, i risultati sono affascinanti. L'espressione delle caratteristiche reali degli artisti influenza il pubblico molto più di quanto potrei mai fare io con qualsiasi struttura immaginaria. Il risultato è che si può fare a meno quasi del tutto del regista. In un certo senso non avevo niente a che fare con *Dieci*. Ho semplicemente messo tutti insieme in una macchina e ho affidato loro tutte le responsabilità.

Una poesia di Rumi parla dei giocatori di polo e delle loro mazze. "Sei la mia palla, guidata dal comando della mia mazza. Ti corro dietro, anche se ti guido." Chi ha il controllo? Io o gli attori? Io determino la direzione e fornisco alcuni impulsi e motivazioni, ma gli attori scelgono il proprio viaggio. Alla fine arrivano dove avevo stabilito, ma capiscono autonomamente come arrivarci. Li seguo soltanto, guidando da dietro. Se qualcuno mi chiedesse cosa ho fatto come regista in alcuni dei miei film, potrei dire: "Niente in realtà. Eppure senza di me, non esisterebbero."

❁❁❁

All'alba, quando i cani randagi vagano per le strade, le loro emozioni – le interazioni tra loro – sono chiaramente visibili. Gli animali comunicano tra loro. Il terzo segmento di *Five* è una ripresa di sedici minuti delle onde che si infrangono su una spiaggia del Mar Caspio, con l'oceano e l'orizzonte sullo sfondo. Ho visto un gruppo di cani in quel punto e mi sono preso la briga di mettere fuori del cibo per vedere se tornavano, cosa che hanno fatto, così una mattina prima dell'alba, mentre era ancora buio, ho preso la mia macchina fotografica e l'ho sistemata sulla spiaggia, poi mi sono addormentato. Al mio risveglio, vidi alcuni cani addormentati in riva al mare. Non c'è stato alcun input da parte mia. Tutto quello che ho fatto è stato creare le condizioni affinché qualcosa di interessante potesse essere registrato.

In *Five* c'è una sequenza di sette minuti in cui il personaggio principale è un pezzo di legno intrappolato tra le onde. Ha fatto esattamente quello che volevo, muovendosi pieno di grazia, offrendo una performance magnifica, una delle migliori di tutti i miei film, andando in pezzi proprio al momento giusto. Non sono intervenuto. Ho semplicemente aspettato, in balìa degli eventi.

❁❁❁

Le regole più importanti sono evidenti e giustamente inflessibili. Non è necessario alcun sistema giuridico per farle rispettare. Sono reali e permanenti perché sono vere. Non possiamo fare a meno di rispettarle.

۞ ۞ ۞

Una volta mi hanno presentato a qualcuno dicendo: "Questo è il regista di *Close-Up*," al che l'altra persona – che non era dell'ambiente – ha detto: "Non pensavo che quel film avesse un regista." Che concetto meraviglioso. Un complimento non intenzionale.

۞ ۞ ۞

La cosa più semplice – e peggiore – da fare per un regista è esercitare un controllo eccessivo dicendo agli attori cosa hanno fatto di sbagliato, richiamando l'attenzione sulle loro carenze. La presenza costante di un regista è vitale quando si tratta di qualcosa come un cartone animato, ma con persone reali un'interferenza del genere è inutile e solitamente indesiderata. Un regista che si crede onnipotente crea angoscia a chi lavora davanti alla macchina da presa e miseria a chi sta dietro. Un regista che grida "Stop dai personaggi visti in!" alla fine di una ripresa può provocare incubi agli attori. Dobbiamo riportare questa divinità autoritaria sulla terra.

۞ ۞ ۞

Discuto con me stesso così veementemente, così costantemente, che mi sembra poco utile contestare il mondo ad alta voce come a volte vorrei fare. Il dibattito interno mi tiene occupato.

۞ ۞ ۞

Fare un film è come raccontare una barzelletta. È necessaria una sorta di battuta finale.

۞ ۞ ۞

Il modo in cui la luce entra da quella finestra, le ombre sul muro laggiù. Bello da guardare e da filmare. Esploratelo.

۞ ۞ ۞

Ogni copione richiede i propri metodi di lavoro. Ogni film lascia impresso qualcosa di particolare. In *Il sapore della ciliegia*, i momenti più memorabili sono quelli dove si mostrano le emozioni e le espressioni dei personaggi, e forse il tono e il ritmo, compresi i silenzi. In *Dieci* sono probabilmente i dialoghi e le caratteristiche distintive di queste diverse personalità a rendere il film degno di nota.

❁❁❁

Superate la mezza età e le cose si calmeranno. Le preoccupazioni svaniscono. I propri limiti diventano cristallini. Si giunge ad una liberazione.

❁❁❁

Le idee con cui non siamo d'accordo ci spingono, a volte dolcemente, a volte rumorosamente, a reagire. La nostra forza aumenta man mano che le consideriamo, le neutralizziamo, le contrastiamo e infine le accettiamo. I nemici e gli ostacoli possono essere meravigliosamente provocatori.

❁❁❁

Nei miei film sono io il portavoce delle persone reali o è il contrario?

❁❁❁

Fa troppo caldo in questa stanza. Per favore, aprite una finestra.

❁❁❁

Settimo giorno.

Kiarostami proietta il suo documentario 10 on Ten, *in cui appare, da solo, mentre parla alla telecamera, discutendo del suo approccio al cinema, e guida un'auto attraverso le colline intorno a Teheran.*

Il mio produttore lo ha suggerito come extra del DVD e ho pensato che fosse una buona idea. Questa è stata una rara opportunità di impegnarmi in una sorta di introspezione e forse imparare qualcosa su me stesso. Sono poche le occasioni nella vita in cui diamo spazio all'autoanalisi. Ho iniziato a leggere vecchi quaderni e ho sentito che questa era un'opportunità per me di tracciare alcuni dei cambiamenti nel mio lavoro nel corso degli anni.

"Il film contiene lezioni su scrittura, musica e recitazione. Perché non una sul montaggio?"

Anche se alcuni dei miei film sono stati realizzati in sala di montaggio, e anche se alcuni bravi registi sono noti per fare molto affidamento sul processo di post-produzione, il cinema che mi entusiasma ha altre caratteristiche. Il montaggio mette un grande potere nelle mani del regista perché gli consente di generare o manipolare emozioni e pensieri nel pubblico. Può cambiare ciò che vuole, scambiare questa persona con quella, sostituire l'imputato con il querelante e viceversa. È stato durante il montaggio di una scena di *Sotto gli ulivi*, in cui Hossein e Tahereh si guardano – uno scambio di sguardi che contiene un'inquadratura che suggerisce che potrebbe effettivamente essere Tahereh la più innamorata dei due – che sono arrivato a capire proprio fino a che punto sono riuscito a distorcere le cose.

Considero il montaggio l'elemento più artificiale del cinema e non l'ho mai usato come tecnica per rattoppare un film, per rendere meno evidenti certi problemi. Le modifiche apportate durante il montaggio – la riorganizzazione del materiale – possono migliorare un film ma non stravolgerlo, almeno non in meglio. Proprio come attraverso questo processo non potrete mai migliorare radicalmente filmati di scarsa qualità, né danneggerete irrevocabilmente filmati di buona qualità. Il montaggio rimarrà per sempre una tecnica, niente di più. La qualità complessiva del film non può mai essere intrinsecamente influenzata da tali interventi. Solo durante le riprese può succedere qualcosa di veramente importante. Non direi mai che il montaggio non serve a niente. In *Dieci*, del resto, il montaggio ci permette di passare da un personaggio all'altro. Ma la mia sequenza preferita di quel film sono i sedici minuti iniziali, del ragazzo che parla con sua madre, che sembra essere un'unica inquadratura ma in realtà contiene alcuni tagli, anche se la maggior parte delle persone non li nota. Per me, il montaggio delle storie si colloca nella mia testa prima di girarle. Preferisco organizzare la realtà davanti alla macchina da presa piuttosto che intervenire a posteriori, in fase di montaggio. C'è una certa creatività che si manifesta solo durante le riprese.

Il mio approccio al montaggio è semplice: mantengo ciò che penso sia buono e butto via tutto il resto. A volte la cosa migliore è togliere una scena, anche se ci ho lavorato molto, perché risulta diversa da tutto ciò che la circonda. Potrei scartare un momento in cui la performance di un attore è troppo intensa, o quando emerge una battuta improvvisata o un'interazione tra i personaggi particolarmente interessante. Questo è il tipo di cose che possono distrarre il pubblico e sovrastare un film. C'è stato un momento durante le riprese di *Il sapore della ciliegia* in cui Ershadi ha iniziato a piangere. Probabilmente avrebbe commosso parte del pubblico, quindi ho eliminato la ripresa. La lacrima più efficace non scende lungo la guancia, si ferma negli occhi.

"Preferisci che l'azione si svolga all'interno dell'inquadratura, piuttosto che passare da un'inquadratura all'altra."

Il match cut è quello in cui l'azione in un'inquadratura continua direttamente nell'inquadratura successiva. Perché non mi piacciono i match cut? Perché non sono realistici. Non vediamo match cut nella vita reale. Pensa alla differenza tra il taglio della telecamera da un'inquadratura di qualcuno in piedi a tre metri di distanza a un'inquadratura dei suoi occhi, naso e bocca, e un'immagine singola e ininterrotta di qualcuno che cammina da lontano verso la telecamera in modo che il suo viso riempia lo schermo. Il primo non è realistico. Nessuno,

nemmeno il cameraman più talentuoso, può trovarsi in due posti contemporaneamente.

In *Il pane e il vicolo* c'è un'inquadratura statica di un vecchio che si avvicina alla telecamera da lontano. Risale il vicolo, alla fine supera la telecamera. Era il primo film che avessi mai realizzato, e la gente mi diceva che far muovere il personaggio attraverso l'inquadratura in quel modo – con la telecamera immobile – significava chiaramente che mi mancava il coraggio di usare una carrellata o uno zoom, o non riuscivo a trovare l'inquadratura più efficace. Non negherei mai il mio nervosismo per la continuità e per il superamento del limite dell'azione – e per tutti quegli aspetti tecnici – quindi ho accettato queste critiche perché ero un nuovo arrivato. Ma già allora sentivo che era meglio riprendere una scena in un'unica immagine piuttosto che montare più scatti insieme. Mettere insieme le immagini per creare una scena può comportare un maggiore controllo sul ritmo, ma l'impatto sul pubblico è più profondo quando le cose vengono viste da un'unica angolazione. Non penso che possiate fidarvi completamente di ciò che state guardando a meno che non sia un'immagine senza tagli. Se io, da regista, non credo a ciò che sta accadendo davanti a me, non ci crederà nemmeno il pubblico.

Quando osserviamo qualcuno da lontano, e aspettiamo che ci venga incontro, i nostri occhi sono naturalmente e saldamente fissi su di lui. Notiamo i piccoli dettagli. Abbiamo tempo per pensare al modo in cui si muove, alla sua andatura, a quanto velocemente sta andando. È felice o triste? Da dove viene? Chi è stata l'ultima persona con cui ha parlato? Potremmo pensare a tutte le persone che ci ricorda. Abbiamo anche l'opportunità di esplorare il suo ambiente, le strade attraverso cui si muove. La vita quotidiana ci insegna che non è necessario essere fisicamente vicini a qualcuno per capire chi è. Si suppone che il pubblico si senta distaccato dai personaggi visti in lontananza, ma io mi sento sempre legato a loro. Mi piace mettermi in disparte e osservare la scena nel suo insieme. Accetto che il cinema implichi l'arte del montaggio, ma alcune immagini dovrebbero essere lasciate così come sono. Stanno facendo tutto quello di cui avete bisogno, quindi perché modificarle? Date al pubblico la possibilità di immergersi in esse.

"Qual è il ruolo del montaggio nella realizzazione di documentari, dove le riprese vengono spesso raccolte senza alcuna struttura preimpostata?

Il compito del regista e del montatore è utilizzare la propria creatività e, da una massa di suoni e immagini, ritagliare una storia. Ci piaccia o no, ci troviamo di fronte al materiale che abbiamo raccolto. Tutto ciò che può finire nel tuo film è da qualche parte in quel filmato, in quei frammenti. Tutto questo è già abbastanza difficile, ma ciò che complica il lavoro è che spesso pensiamo ancora in modo idealistico al film che avevamo deciso di realizzare mesi prima, e che in un modo o nell'altro si sta ancora svolgendo nelle nostre teste. Il materiale che abbiamo davanti non corrisponde mai esattamente alla nostra visione del film. Il divario tra quell'ideale e ciò che è stato ottenuto significa solo una cosa: dovete adattarvi alla realtà dei fatti. Realizzate un film dalle riprese che avete ottenuto, non dall'idea sempre più stantia nella vostra mente.

Ci aggrappiamo all'idea che esista un modo perfetto per mettere insieme tutte queste inquadrature, che esista una configurazione ottimale di tutto questo materiale. Ma accanto a quell'unica forma perfetta ci sono una moltitudine di versioni alternative realizzabili, belle e interessanti che potrebbero emergere. La maggior parte dei cineasti ha almeno un'idea vaga e preconcetta sul tipo di film che vuole realizzare prima di prendere in mano la macchina da presa. Non è facile per un regista svuotare la mente mentre riprende e dire a sé stesso: "Reagirò onestamente e senza preconcetti a ciò che accade intorno a me," anche se è più o meno quello che ho fatto mentre realizzavo *ABC Africa*, dove la mia macchina fotografica era sempre qualche passo avanti a me.

Quel film è quanto di più vicino a un vero documentario potrò mai realizzare perché durante le riprese non pensavo che sarebbe stato un documentario. Mi è stato chiesto se sarei andato in Africa a fare un film sulla crisi dell'AIDS. Per diversi anni ho utilizzato una videocamera Hi8 come la maggior parte delle persone userebbe una penna, quindi quando io e il mio collega abbiamo fatto il nostro primo viaggio in Uganda abbiamo portato con noi le nostre "penne," con l'idea che sarebbero servite come blocchi per schizzi. Non li ho mai considerati strumenti seri. Si trattava solo di prendere appunti visivi. Il nostro piano era di andare a girare, poi trovare un produttore e tornare con telecamere più grandi, ma le riprese erano così emozionanti che ci siamo resi conto che non aveva senso ritornare. Non c'era nulla in quella materia prima che ritenevamo potesse essere abbellita. La forza di *ABC Africa* è che non ci siamo imposti con le riprese. Le nostre telecamere portatili ruotavano di 360 gradi, quindi riportavano una verità assoluta. Era materiale dotato di una vitalità sorprendente – un genuino senso di esplorazione e scoperta – qualcosa che sentivo non avrebbe mai potuto essere replicato, certamente non su pellicola, quindi perché tornare con una macchina da presa 35 mm?

❁❁❁

Monto la maggior parte dei miei film. Sono l'unico che sa esattamente cosa bisogna fare con il filmato, che sa quali pezzi devono essere scartati e quali devono essere collegati insieme. Inoltre, mi piace stare in clausura con tutto quel materiale, con il compito di trovare il modo corretto di metterlo insieme.

❁❁❁

Il cinema non esisterebbe senza il montaggio, ma il montaggio cinematografico dovrebbe rispettarmi di più come spettatore. Non dovrebbe mentirmi né portarmi fuori strada.

❁❁❁

Sappi quando essere irremovibile con le tue idee, quando essere rigido e quando lasciarle andare.

❁❁❁

Prendi un essere umano, limitalo all'inquadratura della telecamera e insisti affinché segua un copione, e non avrai altro che artificiosità.

❁❁❁

Ciò che accade sullo schermo non ha alcun impatto senza le esperienze passate portate dal pubblico. I ricordi personali rendono il lavoro dei registi molto più semplice. Attraverso il nostro lavoro, ricordiamo al pubblico l'amarezza e la dolcezza delle loro vite. Poi ci gettiamo a capofitto, teniamo la testa alta e con orgoglio ci prendiamo il merito per il film che abbiamo realizzato.

❁❁❁

La giornata si è conclusa ufficialmente ore fa. Kiarostami sta guardando il primo montaggio di un film e parla con la giovane donna che l'ha realizzato.

Ripensa a quello che ho detto il primo giorno. Non devi mostrare tutto. Non sottolineare ciò che è già chiaro implicitamente. Qualunque cosa tu possa evitare di mostrare dovrebbe essere omessa. Immagina che tu ed io siamo seduti in un bar, a chiacchierare davanti a una tazza di caffè. Ci conosciamo, godiamo della reciproca compagnia, parliamo di qualcosa di significativo. Un cameriere si avvicina al nostro tavolo e ci chiede se abbiamo bisogno di qualcosa. Potremmo lanciargli uno sguardo, ma non gli presteremmo molta attenzione. Non è che lo ignoriamo o siamo scortesi, ma la nostra conversazione è la cosa più importante. In termini cinematografici, non gli daremmo un primo piano perché ciò suggerirebbe che sia importante per la scena quanto te e me, e non è questo il caso. Qualsiasi personaggio che non sia parte integrante di un film dovrebbe essere tenuto in disparte. Fare diversamente significa creare uno stato di squilibrio e potenzialmente disorientare il pubblico. Un'altra versione di questo esempio è qualcuno che gira un film sui camerieri in cui non c'è una sola inquadratura di clienti seduti a bere caffè in un bar. Concentrati solo sull'essenziale.

Quando guardo un film e vedo un coltello che taglia l'occhio di qualcuno, mi viene in mente quanto funzionino gli effetti speciali. Il cinema tradizionale mostra così tanto da eliminare ogni possibilità di immaginare le cose da soli. L'effetto desiderato si annulla. Guardare cose di cui non dovremmo essere testimoni equivale a voyeurismo, a pornografia. Ho sempre seguito la mia regola di non andare dove non devo essere. Il rumore dell'acqua e la voce di una donna che canta, la sua ombra dietro una tenda, dovrebbero essere sufficienti a rappresentarla mentre fa la doccia. Non mostrando certe cose, trattenendole, un regista può stimolare in modo più efficace il pubblico, la cui immaginazione collettiva è sempre più ricca della sua e più profonda di qualsiasi cosa possa essere mostrata nel film.

Questo è il motivo per cui evito le riprese dal punto di vista del personaggio. Se un personaggio vede qualcosa, è sufficiente la sua reazione a ciò che sta guardando. Dice al pubblico tutto ciò che ha bisogno di sapere. Non dobbiamo sempre guardare attraverso una finestra per sapere cosa c'è fuori. Quando possibile, utilizzo una ripresa o un effetto sonoro per spostare l'attenzione oltre l'inquadratura, come se stessi creando un altro film nella mente del pubblico. Di conseguenza, un solo scatto può fare il lavoro di due. Un film è come un mazzo di carte. Mescolo e distribuisco le cose agli spettatori, ognuno dei quali le dispone in un ordine leggermente diverso. Ci sono tante interpretazioni di ciò che accade oltre la telecamera quanti sono gli spettatori. Un film aperto a diverse interpretazioni, che faciliti il dialogo con il pubblico, sarà più rilevante di uno che risponde a ogni domanda. Penso che sia stato Godard a dire che ciò che è sullo schermo è già morto. Solo lo spettatore può ridare vita a quelle immagini. Un buon film è un film incompleto.

"Quindi, quando non vediamo le cose in ogni dettaglio, il loro impatto è più forte?"

Quasi sempre. Il mio cinema è un invito al pubblico a partecipare all'atto creativo. Fare un film è come creare un collage o fare un puzzle. In base alla mia percezione delle cose, includo deliberatamente alcuni pezzi e ne tralascio altri. Ogni spettatore crea le proprie connessioni uniche tra ciò che gli viene presentato. Creo, ma ho bisogno di creatività in cambio. Lo stesso film comunica in modo diverso a persone diverse. Ho visto un uomo di cinquant'anni uscire di corsa dalla proiezione di *Dov'è la casa del mio amico?* insistendo sul fatto che era il film più noioso che avesse mai visto. Sua moglie stava cercando di calmarlo. Una volta ho anche incontrato una bambina di sei anni che aveva visto il film tre volte e voleva vederlo ancora.

Ho soggiornato in una stanza d'albergo in cui c'era una foto appesa al muro. Mostrava tre donne – due giovani e una più anziana – che lavavano i panni sotto un sole splendente. La scena è probabilmente ambientata agli inizi dell'Ottocento. Tutte e tre hanno sguardi diversi sul volto, ma sono tutti concentrati nella stessa direzione, oltre la cornice. Le due giovani donne guardano qualcosa con ammirazione, mentre la più anziana fissa la stessa cosa con disprezzo. La mia sensazione è che stiano tutte guardando un giovane. Mentre le ragazze si meravigliano del suo aspetto, la madre – pur condividendo lo stupore delle figlie – esprime dissenso. Potrebbe pensare che l'uomo sia bello, ma non lo considera adatto o sufficientemente rispettabile. Ciò che fanno questi sguardi collettivi è permetterci di iniziare a costruire l'identità di quest'uomo. Il valore di un'immagine come questa deriva dal suo potere suggestivo, dal fatto che guardiamo altrove, non direttamente sull'immagine. Questo è ciò che dovrebbe fare un buon film. Quando qualcosa non ci viene mostrato, quando qualcosa viene escluso, quando non appare attraverso l'obiettivo della telecamera o sullo schermo del cinema, è come se vedessimo di più.

Sarebbe un crimine da parte del regista se un suo film creasse un pubblico omogeneo. Non voglio tanto raccontare storie, quanto piuttosto chiedere alle persone di formulare le proprie storie nella propria mente. I film e ciò che presento agli spettatori servono affinché le persone diventino creative. Lasciando che un'opera sia aperta, c'è uno spazio infinito e insondabile dove le idee possono fiorire. La qualità di un film è definita da quanto profondamente il pubblico è in grado di esercitare la propria immaginazione. Troppi film ci intrappolano e ci tengono prigionieri. Diffondono un messaggio o raccontano una storia già pronta, poi insistono per farci reagire in un certo modo. I miei film si muovono nella direzione che lo spettatore desidera.

Kiarostami proietta i primi venti minuti di Shirin. *Eccetto per la parte iniziale, il film – che dura novanta minuti – è composto interamente da primi piani di donne che reagiscono alla visione di un adattamento cinematografico dell'antica favola persiana* Khosrow e Shirin. *Non vediamo mai il film che stanno guardando, anche se possiamo sentirne i suoni e i dialoghi, mentre osserviamo le reazioni delle donne.*

Come si realizza una pellicola su una storia complessa come quella di *Khosrow e Shirin*? Un modo può essere quello di mostrare le reazioni di chi la sente per la prima volta, come se si sbirciasse dal buco della serratura. Osservando i volti di queste donne, studiandone le espressioni e i sentimenti, ascoltando la colonna sonora, ognuno di noi crea nella propria mente la propria versione del film che sta venendo proiettato. Cerco di indirizzare il pubblico nella visione di *Shirin*, ma mi aspetto e spero vivamente che ogni spettatore lasci che la sua mente vaghi e che i suoi sentimenti trabocchino. Soffermatevi sui vostri problemi e sulle vostre preoccupazioni, sui vostri amori e sulle vostre speranze. Lasciate che le immagini che vi attraversano la mente – immagini suscitate da ciò che vedete – riflettano queste cose.

Shirin è l'unico dei miei film che posso riguardare all'infinito. Ogni volta che qualcuno vuole vederlo, mi siedo con lui. È sempre diverso, per me è sempre una scoperta. Il film è nato dalla consapevolezza che, nelle rare occasioni in cui andavo a vedere un film, ero più interessato alle reazioni delle persone sedute accanto a me che all'azione che si svolgeva sullo schermo. Ricordo di aver provato invidia verso un amico che riusciva a farsi coinvolgere dalla visione di un film in una maniera per me inconcepibile. Ma forse l'origine di *Shirin* è addirittura precedente. Quando lavoravo all'Istituto per lo sviluppo intellettuale dei bambini e dei giovani adulti, molti decenni fa, ho disegnato un poster con un attore che sbircia attraverso il sipario di un palcoscenico e osserva il pubblico prima dell'inizio dello spettacolo. L'ho chiamato "Rapito dal guardare gli spettatori." Penso anche al mio interesse per il calcio, che non va oltre l'osservazione dei tifosi. Quando una partita viene trasmessa in televisione, preferisco dare le spalle allo schermo e guardare in faccia le persone presenti nella stanza, così posso studiare le loro reazioni. C'è qualcosa nel calcio che entusiasma anche le persone più serie. Sembrano ottenere una straordinaria capacità di lasciarsi alle spalle le preoccupazioni quotidiane e di abbandonarsi al gioco.

Quando guardi *Shirin*, sembra che io sia andato a vedere una performance di Tazieh (una forma di teatro), o che addirittura ne abbia messa in scena una io stesso e che abbia filmato le reazioni di più di cento donne. In realtà è stato tutto girato nel seminterrato di casa mia a Teheran, e nessuna delle donne stava guardando un film. Non c'era altra indicazione da parte mia oltre a quella di guardare per qualche minuto il pezzo di carta bianca che avevo sistemato sul treppiede di fronte a loro, dove avevo scarabocchiato tre figure stilizzate. Ho chiesto a ognuna di loro di comportarsi come se stessero guardando lo schermo di un cinema, reagendo alle immagini e spostando gli occhi da una figura all'altra. Ho usato un riflettore per creare gli effetti di luce sui loro volti, come se fossero emessi dalla luce di uno schermo. Quando una scena del film è ambientata in interni c'è meno luce, quando l'azione si svolge all'aperto diventa invece più intensa. Ho chiesto a ogni attrice di rievocare un episodio personale, un ricordo intimo o un'emozione – e immaginare un film nella loro mente basato su quell'esperienza. Ho suggerito di attingere dalla loro vita, e non da una storia di fantasia, sapendo che sarebbe stato il modo più rapido ed efficace per provare sensazioni autentiche.

Era tutto improvvisato. Le attrici non sapevano niente fino a trenta secondi prima delle riprese. A volte chiedevo loro di agitarsi sulla sedia, di asciugarsi gli occhi o di aggiustarsi l'hijab, e ogni tanto chiedevo loro di fingere che stessero guardando uno spettacolo comico. A volte, quando ero seduto in fondo alla stanza, lasciavo cadere a terra un vassoio di metallo per spaventare le attrici. Non ho mai detto a nessuna di loro di essere triste o malinconica e di sicuro non ho chiesto loro di piangere, anche se l'accordo era che alla fine delle loro interpretazioni dovevano mostrarsi affrante. Ho filmato ogni donna per cinque minuti, quindi alla fine ho ottenuto diverse centinaia di minuti di riprese. Due minuti dopo essermi seduto ho acceso la telecamera e cinque minuti dopo era tutto finito. Ci sono stati diversi casi in cui le donne si sono alzate e si sono allontanate dall'obiettivo, ma erano ancora parte integrante della scena. I cinque minuti finivano, ma le lacrime no. Ho trovato straordinario come la fervida immaginazione di queste donne abbia potuto evocare immagini così potenti. Osservare questo risveglio emotivo è stato molto commovente.

Successivamente, mentre montavo insieme tutti quei volti, ho aggiunto la registrazione audio di un'esibizione di *Khosrow e Shirin*, un'opera dell'antica letteratura persiana. Inizialmente speravo di utilizzare qualcos'altro – la colonna sonora della versione cinematografica di *Romeo e Giulietta* di Zeffirelli, per esempio – ma non potevo permettermi i diritti. Ho esaminato le ore di riprese che avevo ottenuto, selezionando solo i momenti appropriati, quindi ho abbinato le immagini all'audio. Se la reazione di un'attrice risultava compatibile con ciò che stava accadendo nella storia, la inserivo. Per ogni scena ho modificato le inquadrature innumerevoli volte, fino ad arrivare alla versione finale. Esiste un numero quasi illimitato di modi in cui potresti mettere insieme quelle centinaia di minuti per arrivare a un nuovo film. Il montaggio ha richiesto più di cinque mesi. Ad un certo punto mi sono dovuto fermare.

Il film è pieno di mistero: una conversazione con più di cento donne mute. Studiate i loro sguardi e potrete notare che assomigliano a quelli di bambini in fasce. Attribuisci ad ognuno di essi i sentimenti, le emozioni e i pensieri che desideri. Avrò mai un'altra possibilità di fissare con tanta intimità così tanti occhi? La colonna sonora in qualche modo trasforma *Shirin* in una storia d'amore epica, ma se c'è qualcosa di sostanziale nel film viene dal pubblico, dalla sua reazione agli sguardi di queste donne. *Shirin* è allo stesso tempo il film più artificiale e irrealistico che abbia mai realizzato, e uno dei più onesti e veritieri. Tutto quello che ho fatto è stato scegliere momenti che in qualche modo riflettessero la colonna sonora. C'era solo una donna la cui performance non era adatta a nessuna parte della storia, poi scoprii che tutto ciò a cui stava pensando durante quei cinque minuti era come sarebbero apparse le sue fossette sullo schermo. Ho filmato anche un paio di attrici non professioniste, mie amiche interessate al progetto, una delle quali è riuscita addirittura a lacrimare, anche se poi mi ha detto che era dovuto alle luci che le avevano fatto male agli occhi.

Quando guardi *Shirin* sei libero di immaginare quello che vuoi, ma allo stesso tempo – poiché stai ascoltando *Khosrow e Shirin* o leggi i sottotitoli e guardi i volti di queste donne – è possibile che provi esattamente quello speravo. Il pubblico ha la sua libertà, ma allo stesso tempo è confinato entro limiti precisi.

۞ ۞ ۞

L'arte richiede la comprensione dell'enigmatico. Stimola l'immaginazione sia nel creatore che nel pubblico, lasciandosi alle spalle ciò che è razionale.

Qualsiasi risposta è buona. Preferirei che il pubblico si sentisse antagonista nei confronti del mio lavoro piuttosto che indifferente. Cerchiamo di generare impegno, di qualsiasi tipo.

Decidete tutto con la vostra testa. Un piccolo albero esce dall'ombra di uno più grande, alla ricerca della luce del sole, come un bambino che vuole crescere e fiorire liberandosi dall'influenza dei suoi genitori.

Qual è la minima quantità di informazioni che puoi fornire al pubblico e garantire comunque che sappiano cosa sta succedendo nel tuo film? Cosa può essere omesso? Cosa puoi rimuovere e guidare comunque i tuoi spettatori senza problemi dall'inizio alla fine?

Il potere del cinema risiede nella sua capacità di creare illusioni credibili.

Poche cose della mia vita professionale sono partite da un'intenzione chiara. Non credo di aver mai pianificato nulla della mia carriera. Sono entrato nel mondo del cinema per caso e la gente ha iniziato a chiamarmi regista. Ho scattato molte fotografie prima di inserirle in un album. Solo anni dopo l'ho mostrato alla gente, che poi mi ha definito fotografo. In Giappone, qualche anno fa, mi è stato chiesto di firmare un libro dei visitatori. Ho scarabocchiato una breve poesia e mi sono divertito a convincere i miei ospiti che era di Basho. Quando ho detto loro che in realtà l'avevo scritta io, mi hanno suggerito di pubblicare le mie poesie, così ne ho raccolto alcuni frammenti. Adesso mi chiamano poeta.

Una volta ho parlato a un festival cinematografico a Isfahan insieme a uno scrittore e un illustratore di libri. I bambini ci guardavano con sguardi confusi e uno ci chiese come si diventa famosi. Gli altri relatori hanno parlato della perseveranza e dei

percorsi difficili che hanno seguito fin dall'infanzia, di come hanno lottato e investito tempo nell'apprendimento del loro mestiere. Osservavo i volti dei bambini mentre ascoltavano queste storie di successo, a bocca aperta. "Bambini," ho detto quando è arrivato il mio turno, "senza voler contraddire nessuno, le mie esperienze sono diverse. Per me non è stata una lotta. Non ho mai avuto il progetto di diventare un regista. Forse è meglio affidarvi alla fortuna e al destino piuttosto che esaurirvi sperando che la vostra vita si muova in una certa direzione. Lavorate duro, ovviamente. Lavorate molto duro. Ma solo su ciò che trovate interessante e che vi dà gioia. Fatelo e accadranno cose che si incrociano con la strada che volete percorrere."

Alcune persone si pongono degli obiettivi nella vita, ma per me non funziona così. Il tempo trascorso a lavorare – dipingere, fare film, scrivere poesie, scattare fotografie, fare falegnameria, o qualsiasi altra cosa – è spesso una reazione a un profondo senso di inadeguatezza. L'ansia e la paura di non essere adatto, il dover affrontare crisi di autostima opprimenti, mi spingono a fare molte di queste cose. Sono in qualche modo necessarie affinché io mi esprima. Quando si parla di creatività, il miglioramento arriva dopo che si sente di aver fallito. Scoraggiato e sentendomi patetico, ripeto a me stesso che non sono abbastanza bravo, che non sto lavorando abbastanza duramente. Ciò che mi guida è il desiderio di fare meglio.

۞۞۞

Ho sempre trovato qualcosa di inquietante nel vento. Mi fa agitare. Le mie preoccupazioni si rivelano, spinte dalle correnti. Il mio animo si infiamma. Interrompo qualunque cosa stia facendo e mi avvicino alla finestra, con interesse e paura. La natura riporta l'ordine nelle cose. Niente è più importante del testimoniare la grandezza e la nobiltà della natura. È l'abbandono di sé.

۞۞۞

Se potessi trascorrere ogni ora del giorno con ciò che è divino, lo farei.

۞۞۞

La cultura popolare raramente edifica. Inquina e snerva. Mi sento davvero stordito, persino ferito, da tutto questo. Ormai guardo raramente film e non accendo mai la televisione, forse perché è un atto troppo passivo. Ho sempre la necessità di darmi la carica, anche se a volte questo significa stare seduto tranquillamente a casa. Il caos nella testa di qualcuno può passare completamente inosservato, ma non significa che non esista.

۞۞۞

Forse, più invecchio, meno vedo. Ma in questi giorni scelgo di vedere meno. Scelgo di notare solo ciò che voglio notare. E quello che vedo è molto più luminoso di quanto lo fosse mai stato quando ero giovane.

۞۞۞

Col tempo, arriviamo a capire cosa ci piace fare e in cosa siamo bravi. Quindi, si spera di riuscire a passare la vita facendo quelle cose. Voltate le spalle a tutto il resto. Non c'è abbastanza tempo per occuparci di tutto ciò che consideriamo degno della nostra attenzione. Lasciate che parli come il vecchio che sono. È improbabile che lo spirito, la mentalità, l'approccio alla vita e al lavoro che vi portate dietro da quando siete giovani cambino radicalmente con l'avanzare dell'età. Vale a dire: non è mai troppo presto per pensare alle cose. Non perdete un solo secondo. Siate voi stessi adesso.

۞ ۞ ۞

Sono passati tanti anni, ma le immagini e i suoni della casa in cui sono cresciuto – la vista dalle finestre, lo scricchiolio dei pavimenti, le tegole del tetto, quei silenzi diversi in ogni stanza, i mattoni fatiscenti – mi tornano spesso alla mente.

۞ ۞ ۞

Fare cinema non è la cosa più importante nella mia vita. Oggi mi sento combattuto a riguardo. Ogni volta che sono attratto da un progetto cinematografico, provo anche emozioni spiacevoli, addirittura un senso di pesantezza. Quando la pre-produzione richiede più tempo del dovuto – e di solito è così – tendo ad annoiarmi. Nel profondo, vorrei che succedesse qualcosa che rovina tutto. Più sono entusiasta di un progetto, più desidero che finisca. La verità è che provo un certo sollievo, anzi del piacere, quando i progetti a cui sto lavorando vengono cancellati all'ultimo minuto. Non mi dà fastidio se un mio film non viene mai realizzato. Preferisco i film che non ho fatto a quelli compiuti. Anche dopo tutti questi anni, ogni volta che c'è una lunga pausa tra un film e l'altro, mi sento fuori allenamento e ho paura di ricominciare.

Se fossi più giovane, il mio lavoro sarebbe senza dubbio un fattore determinante della mia esistenza quotidiana e risponderei al mondo in modo diverso rispetto a come faccio adesso. Man mano che invecchio, diventa sempre più chiaro come voglio vivere. Essere in grado di cambiare alcuni aspetti della mia vita e dei miei film – e concentrarmi su altri – è stato per me un processo lento, un'evoluzione graduale. Mentre viaggio per il mondo, da una location all'altra, da un festival all'altro, immagino di tornare a casa, chiudere la porta dietro di me e lasciare tutto il resto fuori. Il Kiarostami "pubblico" non viene con me. Alcune persone sono galvanizzate dallo stare sotto i riflettori, ma io non sono una di queste. So che non sembra, visto che si trovano interviste con me ovunque, ma non voglio essere al centro dell'attenzione. Non ho più bisogno di apparire.

۞ ۞ ۞

La propria indole è più forte di qualsiasi cosa possa esserle imposta. Se ciò che accade nella vostra testa vi interessa più delle oscurità e delle distrazioni offerte dal mondo esterno potreste essere sulla strada giusta.

۞۞۞

Da bambino mi chiedevo se la vita significasse fare progressi, raggiungere risultati e andare avanti, creare cose imperiture. O se la vita sia più un divertimento. Me lo chiedo ancora.

Nei momenti di sconforto, mi allontano dalle correnti selvagge dell'ambizione prendendo un libro di poesie e mi viene subito in mente l'inesauribile ricchezza che ci circonda, che una vita trascorsa immersa in un mondo simile è una vita dignitosa. E mi sento sollevato.

۞۞۞

Alcuni di voi mi hanno chiesto se potevano restare in contatto con me. Ovviamente. Mi farebbe piacere e darò a chiunque lo chieda il mio indirizzo email, che uso occasionalmente, anche se non posso promettere che vi risponderò subito. Più forme di connettività ci sono, più cerco di allontanarmene.

۞۞۞

La vita per me ha un ritmo lento e costante, questo probabilmente si riflette nel mio lavoro. Cerco di esprimere le mie idee con il minor numero di parole possibile. Mi sono posto l'obiettivo di trovare il mio posto, ritirarmi, isolarmi dal caos, cercare di esprimere la mia volontà di nulla, di vuoto. Considero ogni film come se fosse l'ultimo.

۞۞۞

Molti giovani registi vogliono reinventare la ruota. Quasi tutti falliscono, ma bisogna apprezzare il tentativo. Chi vuole lavorare con chi è poco ambizioso?

۞۞۞

Un mio amico una volta mi ha detto che per fortuna non sono noioso come i miei film.

Quando ero giovane, facevo leggere agli adulti le mie storie. Dicevano che la mia scrittura era buona, ma aggiungevano: "È tutto così pessimistico. Le cose non vanno così male." Per me era chiaro che queste persone si erano arrese e si erano vendute ai poteri costituiti, rifiutandosi di riconoscere le realtà amare ed evidenti della nostra società, ignare della disperazione che aleggia su tutti noi. Ma oggi, quando capita che dei giovani mi diano delle sceneggiature da leggere, dico cautamente: "Ingmar Bergman cerca nell'oscurità un punto di luce, ed è quel punto di luce che rende il suo lavoro credibile. Dovresti provarci." Dal modo in cui mi guardano è evidente quello che pensano. Per loro ho fatto il mio tempo. Ma come avrei dovuto fare io stesso quando ero più giovante, forse dovrebbero considerare in quale fase della vita mi trovo. Ricordo di aver pensato, mentre realizzavo *Il sapore della ciliegia*, che se solo fossi riuscito a superare gli ostacoli e arrivare ai cinquant'anni – il periodo nella vita in cui si perde definitivamente la giovinezza e si insinua la consapevolezza della morte, sarei tornato a vivere. E avevo ragione. Un proverbio iraniano dice: la morte è soltanto per il vicino di casa.

Più invecchiamo, più siamo capaci di guardare attraverso gli occhi degli altri. Il fatto è che le mie convinzioni nascono da una vita di esperienza. Anche i pessimisti non possono vivere senza speranza, per la quale vale sempre la pena lottare. Nonostante alcune difficoltà, ormai da diversi anni il mio spirito si è risollevato, cosa che penso si rifletta in qualche modo nel mio lavoro.

Ho trascorso tante ore la scorsa settimana lavorando con voi, giovani uomini e donne. In questi giorni mi sono state poste domande su domande e ho doverosamente risposto. Ma non saprei dire con certezza se qualcuna delle mie esternazioni sia stata utile. Mi sono sempre sentito più a mio agio nel regno delle immagini che in quello delle parole, e se solo avessi potuto sedermi in fondo alla stanza, in silenzio, mostrandovi una serie di immagini, alcune create da me o da altri, luminose o disinvolte, alcune oscure e cupe, alcune travolgenti, altre invece ordinarie, invece di parlare di cinema o di qualsiasi altra cosa, avrei fatto proprio questo.

Proiezione pubblica dei film realizzati dai partecipanti al workshop. Solo posti in piedi.

Vi devo delle scuse. Lo confesso, quando ho visto per la prima volta questo gruppo di trentenni pensavo che sarei stato testimone della vostra pigrizia. Dovrei ormai sapere che nonostante i primi giorni di ogni laboratorio siano di solito un po' troppo lenti – persino letargici – per i miei gusti, alla fine tutto si conclude nel modo più creativo. All'inizio di un workshop tendo a paragonare i primi giorni con i momenti finali di quello precedente, quando mi siedo e guardo tutti i bei film che sono stati realizzati. Bisogna dire che è stato affascinante vedere l'entusiasmo dei più turbolenti di voi per i film che siete riusciti a realizzare questa settimana, liberi dalle vostre inibizioni, ricchi di nuovi stimoli. Chiaramente la fatica e l'insonnia sono valse lo sforzo, e mi congratulo con la vostra inventiva. Meritereste tutti di essere premiati per aver dimostrato che un unico tema può generare un numero quasi illimitato di idee. Questa è la conclusione più significativa che ho tratto da questa settimana. L'altra cosa da dire è che avevo mal di denti, e la cosa ha influenzato le mie opinioni verso i vostri lavori. Questo mi dispiace.

La comunità qui deve sciogliersi, ma nei prossimi mesi mi piacerebbe vedere più film sviluppati a partire dalle idee su cui abbiamo lavorato insieme. La vita è una lunga lezione, il che rende questa settimana solo una piccola parte di un'entusiasmante curva di apprendimento che dovrete scalare per sempre. Spero che rifletterete sul tempo trascorso insieme qui e che in qualche modo sfrutterete l'energia che è stata generata negli ultimi giorni. A pensarci bene, è vostro dovere farlo. Dopotutto, il coraggio e l'ambizione sono la linfa vitale dell'arte, quindi rendetevi conto che l'essenza del vostro lavoro dovrebbe essere il rischio. Non permettete mai che quel fuoco si spenga. Tenetelo sempre acceso dentro di voi e non permettete a nessuno di dirvi cosa fare.

All'inizio di questa settimana ho parlato delle caratteristiche infantili del fare cinema, di come lo spirito che abbiamo da bambini venga portato via con la crescita. In realtà arriviamo a sapere di meno, non di più, man mano che invecchiamo. I nostri desideri vengono attentamente moderati e la preoccupazione per il futuro si trasforma in una preoccupazione primaria. Quindi conservate la vostra giovinezza il più a lungo possibile. Siate sfacciati. Il cinema sopravvive solo grazie al suo costante rinnovamento. La vostra responsabilità come cineasti è lavorare duro e sperimentare, esplorare nuove direzioni. Andate oltre il vostro modo abituale di fare le cose. Infrangete le regole. Guardate il mondo in modo nuovo ogni giorno. Rinnovate il vostro sguardo. Il vostro compito è offrire spunti, quindi continuate a filmare la quotidianità in modi muovi che ci aiutino a vederla in modo diverso. Il futuro attende. Per quanto riguarda il panorama cinematografico, ogni nuovo arrivato lotta con gli stessi problemi e si diverte con le stesse gioie. Quindi unitevi e condividete tutto. Non c'è nessuno che non abbia una storia da raccontare.

Vi chiedo il permesso di mostrare questi cortometraggi in altri laboratori. Ma prima, osserveremo insieme il frutto dei vostri sforzi. Alcuni potrebbero essere migliori di altri, ma è solo questione di gusti. L'importante è che tutti abbiano lavorato con entusiasmo. Chiedo al pubblico di tralasciare le proprie aspettative su questi film. Questo è il modo migliore per apprezzarli. Guardateli prima con il cuore e solo dopo con la testa. Siamo in una stanza dove normalmente si pagherebbe fior di quattrini per essere intrattenuti da professionisti. Ciò che è importante notare è che alcuni dei film che verranno proiettati sono stati realizzati in poche ore. Ognuno vive di vita propria. Diamo un'occhiata.

www.ingramcontent.com/pod-product-compliance
Lightning Source LLC
Chambersburg PA
CBHW061546250926
52052CB00010B/3085
9781942782667